Für Ingo
einen vor... ...lieben
Allem

LORI 12/14

Die Deutsche Bibliothek – CIP Einheitsaufnahme
Reformhaus Adam / Hugh-Friedrich Lorenz
Risiko Mann! Chance Mann?
Navigationshilfen für das schwache Geschlecht
Badenweiler: Edition Jonathan
ISBN 978-3-939604-27-3

© by Edition Jonathan
Badenweiler, Oktober 2013
Covergestaltung: Elvira Schalke-Golodkowska
Lektorat: Hugo Renzlo
Coverfoto: Fotolia
ISBN 978-3-939604-27-3

Hugh-Friedrich Lorenz

Reformhaus Adam

Risiko Mann! Chance Mann?
Navigationshilfen für das
schwache Geschlecht

Edition Jonathan (Badenweiler)

Für meine Töchter, meine Enkelkinder
und für all die wunderbaren Frauen
in meinem Leben, die mich - ohne Ausnahme!-
stets besser behandelt haben,
als ich manchmal sie.

Wenn der Mann sagt, die Frau sei dumm, ist er stets der Schuldige. Denn er hält sie für das verantwortlich, was er selbst verursacht hat. Wenn er ihr sagt, es sei ihre Pflicht, den heimischen Herd zu hüten, kann er sich kaum wundern, daß ihr am Ende die Erfahrungen fehlen,
die man sich nur erwerben kann, wenn man eben *nicht* den heimischen Herd hütet.

Ernest Bornemann
in: Das Patriarchat. Ursprung und Zukunft
unseres Gesellschaftssystems.

Es gibt keine gefährlicheren Raubtiere auf diesem Planeten als uns Männer, oder?
Ich erwarte gerne den Namen
der Spezies, die *unsere* Gefährlichkeit übertrifft!

Hugh-Friedrich Lorenz

Die Wahrheit ist keine Hure, die sich denen
an den Hals wirft, welche ihrer nicht
begehren; vielmehr ist sie
eine so spröde Schöne, daß selbst
wer ihr alles opfert, noch nicht
ihrer Gunst sicher sein darf!

Artur Schopenhauer,
in: Die Welt als Wille und Vorstellung,
(Vorrede zur 2. Auflage)

Inhaltsverzeichnis

Worum es geht

Mindestens so spannend wie die Frage, *was* jemand denkt und schreibt, ist die Frage *warum* sie oder er etwas denkt und schreibt.

Die Antwort auf die erste Frage *was* ich denke, erfahren Sie, wenn Sie sich durch die nächsten knapp einhundert Seiten gekämpft haben und erschöpft darniederliegen.

Die Antwort auf die zweite Frage liefere ich sofort: Weil ich meinen Lebensabend in einer friedlichen Welt verbringen möchte und, falls dies nicht gelingen sollte, zumindest meinen Kindern und deren Kindern und wiederum deren Kindern die erfreuliche Erfahrung zuteil werden sollte, daß es der Menschheit gelingt, die bisherigen Formen des Umgangs miteinander und mit dieser wunderbaren Leihgabe genannt «Erde» so nachhaltig zu ändern, daß sie sich auf die Gefahren konzentrieren kann, die möglicherweise da draußen im All lauern, anstatt sich weiterhin selbst zu zerfleischen.

Sie sehen also: Dieses Buch wurde aus rein egoistischen Gründen geschrieben!

•

Warum habe ich die Form des Dialogs gewählt, des Gespräch mit meiner langjährigen Freundin Jacqueline, um mich an die Aufgabe zu wagen, es mit meinen Geschlechtsgenossen zu verderben und zugleich der Wahrheit, die ja, gemäß Schopenhauer, keine Hure ist, die sich mir so mir nichts, dir nichts an den Hals wirft, gerecht zu werden? (Jacqueline Ackermann ist ein Pseudonym, zugegeben, sie will sich nicht mit ihrem wahren Namen outen).

Nun, die Entwicklung eines Gedankens, also das, was PhilosophInnen «Dialektik» nennen, stellt für mich als die ehrlichste Art dar, der Leserschaft klar zu machen, wie Meinungen, Einschätzungen, Urteile entstehen.

So werden Ihnen von Satz zu Satz Argumente und Gegenargumente klar, so als würden Sie den Gedanken selbst entwickeln – oder sich selbst an der Stelle der Fragenden finden. Und das ist sicher allemal aufregender als ein Monolog.

•

Hier noch eine Anregung: Nachdem das Thema, das ich mit Jacqueline Ackermann diskutierte, nahezu jede und jeden Erwachsenen auf die eine oder andere Art berührt, mag diese Arbeit auch als Anstoß für Diskussionen dienen, die zum Beispiel zwischen Paaren in der Krise geführt werden.

Solche Dialoge zu entwickeln, ist mit Sicherheit spannender als die üblichen Stammtischgespräche, oder? Warnen muß ich allerdings vor dem Effekt, den ich im Gespräch mit Jacqueline feststellte: Es ist oft notwendig, eigene, bisher für richtig gehaltene Positionen im Gespräch hinterfragen zu lassen oder plötzlich selbst zu hinterfragen;

es ist sogar wahrscheinlich, daß wir aus solchen kritischen Dialogen mit einem veränderten Weltbild herausgehen – aber ist dies nicht gerade das, was wir brauchen? Ist es nicht gerade das, was uns seelisch gesund sein läßt – authentisch, stimmig zu sein mit unseren Meinungen, Einschätzungen und unseren daraus gezogenen Schlußfolgerungen?

•

Abschließend – bevor ich Sie auf den Inhalt loslasse – noch ein Wort zu den Argumenten, die mir wieder und wieder begegnen, sobald ich auch nur ansatzweise auf die manchmal wirklich traurige Rolle von uns Männern in der bisherigen Weltgeschichte hinzuweisen wage.

Hier die häufigsten Argumente, Reihenfolge beliebig:

„Aber es sind ja nicht alle Männer so...!"

„Du kannst die Männer nicht ändern, da ist Hopfen und Malz verloren!"

„Der Mensch ist nun mal so geschaffen, daß wir keine Heiligen sind, was willst du machen?"

„Das ist eine sehr einseitige Sicht, Männer haben so viel Gutes geschaffen, siehst du das denn nicht?"

„Also, lauter Weicheier wollen wir Frauen doch auch nicht, oder?"

„Alles auf die Männer zu schieben, ist ja auch ungerecht...!" und was der auf den Punkt gebrachten Weisheiten mehr sind.

2

Meine Entgegnungen auf diese und andere, ähnlich allgemeine Einlassungen zu meinen Gedanken finden Sie auf den Folgeseiten – falls Ihnen das Buch nicht schon vorher vor Schreck aus der Hand gefallen ist.

Nun, im November 2013 erscheint das Folgebuch zu «Reformhaus Adam», das ich sinnigerweise «Reformhaus Eva» getauft habe – da wird Eva schon auch kritisch beleuchtet (schneidet aber, dies im voraus gesagt, besser ab).

.

Mein Dank geht an all die Frauen in meinem Umfeld, die sich der Mühe unterzogen, mit mir das Thema «Mann in unserer heutigen Gesellschaft» zu diskutieren. Daß sich aber alle damit abfanden, daß ich gnadenlos Jacqueline Ackermann letztlich als einzige Gesprächspartnerin wählte und nicht sie, zeugt von ihrer – ich erfinde jetzt mal rasch einen neuen Begriff: «innerweiblichen Loyalität».

Oder so ähnlich...

Der Autor, im Herbst 2013

3

Das Tabu der angeblichen Vernunft

Jacqueline Ackermann:
Da sitzen wir nun in der Herbstsonne Badenweilers und wollen die Welt verändern – wo fangen wir an?

Hugh-Friedrich Lorenz:
Am besten bei mir, Jacqueline, im Sinne Michael Jacksons, *„If you wanna make the world a better place / take a look at yourself and make a change..!"* „Wenn du diese Welt verändern willst, dann fang bei dir selbst an und ändere *dich!"*

Jacqueline Ackermann:
Oh la la, das hört ja jede Frau gerne, wenn ein Mann sich ändern will. Was willst du denn *konkret* bei *dir* ändern, um die Erde als einen gemütlicheren Planeten zu gestalten?

Hugh-Friedrich Lorenz:
Dieser Planet *ist* bereits ein gemütlicher, ein traumhafter, ein wunderbarer Ort. Von dem, was ich zwar selten «Gott» nenne, sondern aus bestimmten Gründen, über die wir sicher noch reden werden, «das Unendliche Bewußtsein», ist Planet Erde von einer Intelligenz organisiert, die uns nur in Demut staunen läßt.

Aber die *Menschheit* entpuppt sich zunehmend als ein Krebsgeschwür in diesem lebenden Organismus Erde. Und wie Krebszellen einem Körper schaden können, wissen wir. Aber auch, wie sich der gesunde Körper dagegen wehrt.

Peter Russel zum Beispiel hat in seinem Buch «*Die erwachende Erde*» [1]) dargestellt, daß wir Gaya, die «Erdenmutter», endlich als einen lebenden Organismus anerkennen sollten, mit allen Konsequenzen.

Aus Sicht der Mythologie und der Tiefenpsychologie ist es selbstverständlich, daß dieser Planet *mütterliche Züge* trägt. Und obwohl ich im Verhältnis zu meiner eigenen Mutter – Gott hab´ sie selig! – wirklich immense Probleme hatte: Endlich mehr Respekt vor dem Weiblichen an sich, als nahezu ausnahmslos nur vor dem Männlichen, das würde unserer Gesellschaft gut tun.

Jacqueline Ackermann:
Das Weibliche: Frau gleich Gefühl, gleich Bauch, Mann gleich Kopf, Hirn Verstand?

Hugh-Friedrich Lorenz:
Auch hier hat mir die Arbeit von Peter Russel viel geholfen: So, wie wir den beiden Gehirnhälften unterschiedliche Aufgaben zuordnen, könnte es sich mit dem Weltorganismus darstellen.

Momentan ist – um bei diesem Vergleich zu bleiben – die linke Gehirnhälfte, die für Sprache, Logik und so weiter zuständig scheint, global überbetont – Männer bestimmen, was hier unten geschieht, und vor allem Männer der nördlichen Halbkugel, der immer noch führend technisierten, angeblich von Logik geprägten.

Wenn es gelingt, den Stellenwert *des Weiblichen*, also, um im Vergleich zu bleiben, der rechten Gehirnhälfte des globalen Bewußtseins, den ihr schon lange zustehenden Gleichrang zuzugestehen, wäre das ein wichtiger Schritt.

Und damit trete ich schon mal in Fettnäpfchen Nummer eins: Wenn jemand unter der Spezies homo sapiens sapiens wirklich «sapiens» zeigt, also Einsichtsfähigkeit, Weisheit, Gefühle, also rechte Gehirnhälfte des globalen Bewußtseins, dann seid das ja eindeutig ihr Frauen.

Ich schlug dir ja vor, daß wir dieses Gespräch unter der Prämisse führen, daß ich selbst mich als Versuchskaninchen zur Verfügung stelle. Wohlan denn: Wenn ich jetzt, mit vierundsechzig Jahren, Revue passieren lasse, wer mir in meinem Leben die klügsten, verläßlichsten Ratschläge gab (die ich als Mann naturgemäß nur selten befolgte), dann waren das Frauen.

Es gibt eine Art von Weitsicht, von *intuitiver Übersicht* über das Ganze, eine Art von *Lebensklugheit*, die wir Männer nur schwer erreichen können. Warum dem so ist, das wollen wir ja heute noch diskutieren. Nur *daß* dem so ist, das konstatiere ich mal ganz frech, ich *behaupte* das, aber untermauert durch das, was ich in Jahrzehnten, in denen ich mich mit dem Patriarchat und der Frau-Mann-Problematik beschäftige, gelernt habe.

Daß wir Männer die generelle und mittlerweile eindeutig belegte Überlegenheit der Frau in Bezug auf den Umgang mit dem Alltag, mit Komplexität, mit Gefühlen ebenso wie mit Vernunft nur so schwer akzeptieren können, hat möglicherweise damit zu tun, daß der kleine Junge sich in einem bestimmten Alter von Mama distanzieren muß, weil er ja «ein Mann» ist und beweisen muß, daß er zu der Kaste der Sieger gehört, während Mama sich ja in seiner bisherigen Erziehung nur als Weichei erwiesen hat (was hat sie ihm nur alles verziehen und wie wenig war sie Kriegerin!).

Da steckt jede Menge «Sigmund der Er(Freud)e» drin. Aber wir kommen sicher noch auf diese Problematik zu sprechen, nachdem du ja versprochen hattest, dir heute viel Zeit zu nehmen.

Jacqueline Ackermann:

Ganz oben auf dem Bücherstapel, den du mitgebracht hast, liegt Margarethe Mitscherlich, zweimal: *«Die Zukunft ist weiblich»* und *«Die friedfertige Frau»*. Soll ich dich jetzt mal ernüchtern und dir erzählen, wie viele wirkliche – entschuldige! – Tussis ich kenne? Wie viele Frauen, die ich als so was von verdummt einstufe, daß ich mit ihnen keine Stunde alleine verbringen könnte? Und da willst du eine weibliche Zukunft – meinst du das ernst?

Hugh-Friedrich Lorenz:

Jacqueline, das muß schon wirklich differenziert gesehen werden. Das gelingt Frau Mitscherlich in beiden Büchern hervorragend, zwei kleine, gut lesbare Werke, die ich jeder Frau als Stammlektüre empfehlen kann im Sinne Gottfried Benns, der gesagt haben soll, es sei oft besser, fremde, kluge Gedanken weiterzugeben als eigene dumme.

Jacqueline Ackermann:

Na, du strotzt ja heute wieder mal vor Bescheidenheit. Aber ich sehe deinem schelmischen Blick an, daß du schon überzeugt bist von der Qualität deiner eigenen Gedanken?!

Hugh-Friedrich Lorenz:

Weil ich sie, so wie jetzt im Gespräch mit dir, dialektisch zu entwickeln versuche. Nehmen wir ein Beispiel für die vielfältigen Aspekte des Themenkreises Eva, Adam und ihre Unterschiede:

Eine heute *sechsundsechzigjährige* Frau unterscheidet sich von einer heute *sechsundzwanzigjährigen* Frau ebenso, wie das schon immer der Fall war bei dieser Relation, durch die Jahrtausende.

Also müssen wir einmal den Generationenunterschied erkennen, der ja vor allem den *Erfahrungshorizont* betrifft, das, was Frau *erlebt* haben muß, um es in seiner ganzen Intensität und Bedeutung für das eigene Leben zu verstehen.

Eine junge Frau, die heute mit I-Phone und Chips und Pizza und «*irgend jemand erledigt das schon für mich*» und «*ich will das hier und jetzt, weil es mir zusteht und voll krass und cool ist*» aufgewachsen ist, wird zwar einen wesentlichen Teil unserer Zukunft prägen, leider.

Aber wenn es um das geht, über das wir uns eigentlich unterhalten wollen, nämlich über generationenübergreifende, eindeutig zeitlos-klassisch-männliche und zeitlos-klassisch-weibliche Verhaltens-, Empfindungs- und Wahrnehmungsmuster, dann unterscheidet sich deine «Tussi» nicht wesentlich von einer reifen Frau.

Jacqueline Ackermann:
Na, jetzt bin ich aber mal gespannt!

Hugh-Friedrich Lorenz:
Laß mich dir ein Beispiel nennen: Ich arbeite momentan im Rahmen einer von mir initiierten, überaus komplizierten Studie an einem Thema, das mir sehr relevant erscheint: „*Wie aggressiv können Frauen sein?*"

Jacqueline Ackermann:
Wären wir ein Liebespaar und ich würde dich mit einer anderen inflagranti erwischen, wärst du in ein paar Minuten halbtot, Junge, so aggressiv kann ich sein!

Hugh-Friedrich Lorenz:
Danke für die Warnung, ich werde dich also aus der engeren Wahl möglicher Liebhaberinnen definitiv ausschließen.

Spaß beiseite: DIESE Form der Aggressivität meine ich nicht, das wäre ein Schreien, ein mir wütend die Handtasche auf den

Kopf schlagen, ein der anderen Dame mit dem Absatz deiner Stöckelschuhe eins auf die Birne braten...

Jacqueline Ackermann:

Na, deine künstlerische Phantasie geht ja wieder mal durch mit dir, auf die Idee mit den Stöckelschuhen wäre ich gar nicht gekommen...

Hugh-Friedrich Lorenz:

Siehst du? Sprich mit Künstlern, und der Horizont deiner Mordperspektiven erweitert sich. Aber im Ernst: Es gibt da den seltsamen Begriff der «Beißhemmung». Ich kenne das von mir selbst. Als mich einmal ein junger Mann, ein in Basel gerichtsnotorisch bekannter Querulant, der mich als Nazi bezeichnete, körperlich attackierte, aber kurz danach unter mir lag und eigentlich von mir einen wirklich kräftigen Schlag hätte erhalten können, der ihn matt gesetzt hätte, konnte ich das nicht – mir wurde später attestiert, daß meine weiblichen Anteile gesiegt hätten, eben die, die das Zubeißen verhindert hätten - Beißhemmmung.

Jacqueline Ackermann:

Schweifen wir vom Thema ab?

Hugh-Friedrich Lorenz:

Nein, wir sind eher mittendrin. Denn was ich bereits in all meinen Schriften und Seminaren zu vermitteln suchte, als ich noch sogenannter Unternehmensberater war: Wir Menschen sind und bleiben *emotionsgesteuert!*

Die sogenannte Vernunft, der sogenannte Verstand, spielt – nun fall´ nicht gleich rückwärts vom Stuhl! – eine absolut untergeordnete Rolle in unserem Alltag, wir werden von Gefühlen, von Emotionen gesteuert. Und zwar um ein Wesentliches mehr als von dem, was wir Vernunft nennen, also dem, was den sapiens eigentlich auszeichnen sollte.

Und das gilt kulturübergreifend. Du weißt, daß ich nur von Themen rede, von denen ich auch etwas verstehe. Nimm mal dieses Buch hier, «Handbook of Cross-Cultural Psychology». [2]).

Ein uraltes Werk. Darin fand ich zwar bestätigt, was Hans Haß, dieser unglaublich vielseitige Verhaltensforscher, auch schon vor Jahrzehnten herausfand: Weltweit gleichen sich die

9

emotionalen Reaktionen von Menschen, abzulesen an ihren «Gesichtszügen», wie wir diese Intercitys nennen, die sich in unsere Gesichtshaut eingravieren. Aber interessant sind hier die gefundenen Unterschiede in Hinblick auf einzelne Faktoren: Deutsche, Schweden, Schweizer reagieren emotional anders als US-Amerikaner auf Faktoren wie Gewalt, Liebe und so weiter.

Emotion ist also auch hier ein sehr individueller Faktor in unserem Leben, aber ein absolut dominierender. Und eben nicht nur auf Adams zu beschränken – eine weitere Schwierigkeit also, «den» Adam zu definieren.

Jacqueline Ackermann:

Dieses Primat der Emotion gilt also für beide Geschlechter?

Hugh-Friedrich Lorenz:

Natürlich! Aber mit dem Unterschied, daß Adam meist keinerlei Rücksicht auf Verluste nimmt, wenn es um das *Ausleben* seiner Emotionen geht.

Jacqueline Ackermann:

Eva schon?

Hugh-Friedrich Lorenz:

Ja, eindeutig. Frauen sind nun mal von Haus aus besonnener. Frauen gehen mit ihrem Körper, ihrer Gesundheit, ihrer Lebensgestaltung und ihrem Umfeld grundsätzlich sorgsamer um, schon als Mädchen, das ist ja alles erwiesen, respektive das zeigt uns doch unsere Lebenserfahrung – ich habe zwei wundervolle, sicher tapfere und auf das Leben neugierige Töchter. Aber die wären niemals auf die Idee gekommen, Mutproben abzuhalten, so, wie wir das als Jungs taten.

Daher ist es auch eine Unverschämtheit der Krankenversicherungen, von Frauen höhere Beiträge zu verlangen, ein absoluter Anachronismus, der immer mit möglichen teuren Schwangerschaften begründet wird – eines von Tausenden von Beispielen aus unserem Alltag, wo es einfach hingenommen wird, daß eine männerdominierte Branche eine so hirnrissige Entscheidung über Jahrzehnte halten kann – welcher Mann in deinem oder meinem Umfeld geht denn auch nur ansatzweise so umsichtig mit seiner Gesundheit um wie die Frauen?

Jacqueline Ackermann:

Mein Bruder geht regelmäßig Joggen! Mein Mann geht ins Fitneß-Studio!

Hugh-Friedrich Lorenz:

Glückwunsch – aber ging dein oder mein Opa joggen? Und wenn der Gewichte stemmte, dann für die Muskeln, um meine Oma zu beeindrucken – kurz nach der Hochzeit, hat sie mir erzählt, saß er lieber in Pantoffeln im Lehnstuhl und stöhnte schon, wenn er Kohlen aus dem Keller holen mußte.

Aber zurück zur Thematik der unterschiedlichen Verantwortlichkeiten und deren Kontext: Allein die Menstruation verbindet euch Frauen, wie eine jahrzehntelang sichere Nabelschnur, mit dem unendlichen Bewußtsein, das euch zeigt: Du bist Teil eines geheimnisvollen, großen Ganzen – wir Männer erleben da höchstens mal eine Potenzschwäche in gewissen Jahren, die uns nachdenklich macht, das war´s dann. Und ob die dann eine Botschaft des Universums ist?

Frau leidet auch in aller Regel – gesellschaftlich provozierte Ausnahmen abgesehen - zum Beispiel nicht unter diesem Trieb, Nervenkitzel um jeden Preis zu suchen, diesem Selbstzerstörungstrieb, der uns Männer Bungeejumping erfinden ließ, mittelalterliche Ritterspiele nachstellen, bei denen du vom Pferd gestoßen oder von einem Säbel zerteilt wirst, oder der Idee, Löwen in einen Käfig zu sperren und sie dazu zu bringen, vor einem Mann demütig Männchen zu machen – wir Männer sind, was solche Aktionen und Ideen angeht, manchmal absolute Lachnummern. Und all das hat nur, aber wirklich *nur* mit Emotionen zu tun, mit *Gefühlen*, und absolut nichts mit dem, was Kant so liebte...

Jacqueline Ackermann:

...mit der Vernunft?

Hugh-Friedrich Lorenz:

Ja. Mephisto brachte es in Goethes «Faust» auf den Punkt: „*Er nennt´s Vernunft und braucht´s allein / um tierischer als jedes Tier zu sein!*"

Wer, so wie du und ich, wirklich eintaucht in die Beobachtung dessen, was alles um uns herum geschieht, im privaten

Bereich, in der Arbeitswelt, in der Politik, sollte sich endlich klar werden: Die Vorstellung, menschliche Entscheidungen per se als vernunftgesteuert zu sehen, ist im Ansatz falsch! Nicht nach Kriterien der *Vernunft* sehen, empfinden, beurteilen wir unsere Umwelt, sondern, bitteschön, nahezu ausschließlich nach denen der *Emotion*!

Jacqueline Ackermann:

Was Diktatoren immer schon wußten und immer schon nutzten?

Hugh-Friedrich Lorenz:

Du sagst es! Was aber auch Mama nutzt, wenn die Kinder schreien. Da ist Mama die Diktatorin, in diesem speziellen Moment einfach die, die mehr weiß über das Funktionieren menschlicher, eben emotionsgesteuerter Gemeinschaften, mehr als Kevin mit fünf und Jessica mit drei das wissen können, basta!

Jacqueline Ackermann:

Herr Chefpädagoge Lorenz sieht also, verstehe ich das richtig, Emotionen, Gefühlswallungen, als das eigentliche Übel dieser Welt?

Hugh-Friedrich Lorenz:

Herr Chefpädagoge Lorenz erlaubt sich nur darauf hinzuweisen, daß wir unsere Wahrnehmung dessen, was unser Verhalten steuert, doch bitte endlich mal auf den Faktor Gefühl lenken sollten – der geringe Anteil an Verstand, an Vernunft. den insbesondere wir Männer im Alltag einbringen, Jacqueline, der ist wirklich zu vernachlässigen.

Wer sich zum Beispiel detailliert mit Politik beschäftigt, wird absolut ernüchtert, wenn Protokolle über wichtige Entscheidungen, die die Welt veränderten, eindeutig belegen, daß da großgewachsene Jungs mit – entschuldige! – dem Schwanz entschieden statt mit dem, was rudimentär in ihren Schädeln vorhanden war und allgemein Gehirn genannt wird.

Ich lese dir vor, was Dieter Duhm über die Grausamkeit schrieb. Grausamkeit ist ja etwas, was zwar häufig durch den sogenannten Intellekt initiiert wird, durch Doktrinen, Religionen, Philosophien, Gesetze und so weiter. Aber wir müssen ganz klar sehen, daß die konkrete *Ausübung* von Grausamkeit ein emotionaler Akt ist:

„Was uns bei der Betrachtung der hinter uns liegenden Geschichte am meisten berührt und quält, was uns, so wahr wir Menschen sind, nie und nimmer in Ruhe läßt, eh wir es begreifen können, das ist die unfaßliche Grausamkeit, mit der sich Geschichte vollzog und vollzieht. Nichts sticht so hervor wie sie, und es sind unsere immunisierenden Denk- und Handlungsgewohnheiten, die uns sogleich wieder zur Tagesordnung übergehen lassen. Anders können wir die Tatsache der Kreuzzüge, der Inquisition, des Faschismus, Stalinismus usw. nicht unverletzt überstehen. (...) Geschichte ist heute noch so grauenhaft wie vor zweitausend Jahren. (...) muß der Mensch begreifen, daß er allein es war, kein Gott, kein Teufel und kein abstrakter Weltgeist, sondern er allein, der all diese Saueren angestellt hat und deshalb für sie bzw. für ihre Überwindung verantwortlich ist. [3])

Jacqueline Ackermann:

Wenn du mit dem Anhängsel am Hinterteil meines Hundes, genannt Schwanz, die Emotion meinst, die entscheidet - na ja, der Schwanz wedelt wirklich immer, wenn ich nach Hause komme. Ist das so falsch?

Hugh-Friedrich Lorenz:

Der Schwanz deines Hundes wedelt aus Liebe zu dir, das ist etwas anderes. Ich spreche aber vom sich auf das männliche Glied auswirkende Testosteron, das uns Männer ohne auch nur den geringsten Ansatz von Liebe steuert und das in der Weltgeschichte mehr Unheil anrichtete und immer noch anrichtet, als Kokain, Heroin oder Massenvernichtungswaffen zusammengenommen!

Ein Beispiel für unsere Schwierigkeiten, jenseits unseres Egos vernünftig zu handeln: Als ich die wirklich große Ehre hatte, Professor Dörner - inzwischen emeritiert - bei seinem «Lohhausen»- Projekt [4]) kurze Zeit beobachtend begleiten zu dürfen, ergab sich das, was er später in seinem hochinteressanten Taschenbuch «*Die Logik des Mißlingens*» [5]) auf den Punkt brachte - wir Männer sind im Umgang mit Komplexität und Unbestimmtheit im Alltag schlichtweg überfordert!

Ja, ich gehe soweit zu behaupten, daß der moderne, sogenannte westliche Mensch *schlechthin* überfordert ist mit der Aufgabe, im täglichen Reizüberflutungs-Zunami besonnene, *rationale* Entscheidungen zu treffen.

Um mit der Komplexität des modernen Alltags einigermaßen zurecht zu kommen, genügt nicht einmal ein überdurchschnittlicher IQ, das wäre nur die halbe Miete – es gehört vor allem manches dazu, was eben erst im Laufe der Jahre erworben werden kann, nämlich Erfahrung, Erfahrung, Erfahrung. Und Disziplin, Selbstdisziplin. Und Bescheidenheit, eine Eigenschaft oder besser Fähigkeit, die uns Männern ja so was von fern liegt, in aller Regel.

Joseph Beuys hat es einmal so formuliert: *„Für Menschen, die letztendlich vom Geistigen leben, ist die Bescheidenheit am allerinteressantesten. Wenn man einen gewissen Überblick über die Zusammenhänge des Ganzen hat, ist das, was notwendig wird als nächster Schritt auch immer das Spannendste. Das ist Lebensqualität. Wer daran nicht teilhat, ist unzufrieden und unglücklich, auch wenn er Millionär ist.* [6])

Jacqueline Ackermann:

Bescheidenheit im Umgang mit was?

Hugh-Friedrich Lorenz:

Vor allem im Umgang mit mir selbst, da schließt sich der Kreis zur Emotion! Denke ich an den jungen Herrn Hugh-Friedrich Lorenz zurück, oh Gott, da kann ich nur noch Nietzsche zitieren, der in «Menschliches, Allzumenschliches» schrieb:

„Mein Gedächtnis sagt mir, das habe ich getan. Mein Gewissen sagt mir: „Das kannst du nicht getan haben!" Schließlich siegt ... mein Gewissen über mein Gedächtnis.."

Jacqueline Ackermann:

Also sich für Reaktionen, Taten, Verhalten von früher schämen?

Hugh-Friedrich Lorenz:

Aber klar doch – weil sie in jungen Jahren nahezu ausnahmslos emotional dominiert sind, geht doch so vieles daneben!

Jacqueline Ackermann:
Und alte Knacker, wie du jetzt einer bist, wandeln dann als personifizierte Vernunft durch den Alltag?

Jacqueline Ackermann:
So, das mit dem alten Knacker war frech, auch wenn bei mir zugegeben die Kniegelenke und die Armgelenke bei jeder Bewegung knacken – jetzt mußt du deine Eisbecher wirklich selbst bezahlen, rückwirkend!

Ernsthaft: Wenn ich schon dabei bin, mich selbst zu analysieren, dann sehe ich das eher so, wie das auch aus der Auswertung der erwähnten Studie «Lohhausen» hervorgeht: Du wirst mit den Jahren ein besserer Problemlöser, weil Besonnenheit einkehrt, meist aus Fehlschlägen genährt – Henry Ford soll gesagt haben, aus seinen Niederlagen habe er mehr gelernt als aus seinen Siegen – er war auf vielen Gebieten ein weiser Mann.

Die Rolle der Emotion in unseren Entscheidungen, unseren Verhaltens-mustern, der Emotion, die in jungen Jahren ja geradezu eruptiv hervorbricht zwischen himmelhoch jauchzend und zu Tode betrübt, wird gleichsam besser von dir selbst erkannt, wenn du älter wirst. Manchmal gefährliche, nur von Emotionen getriebene Spontaneität weicht dann immer mehr einem Abwägen von Aspekten, die du als junger Mensch nicht einmal erahnt hast.

Ich habe auch meine eigene Theorie dazu, was denn eigentlich hinter dem steckt, was wir Emotion, Gefühl nennen – dazu kommen wir sicher noch, es hat – erschrick nicht! – mit einem *spirituellen* Ansatz zu tun, wie ich das heute sehe.

Das sehen übrigens auch hochkompetente andere seit langem schon so, zum Beispiel die Mitglieder des Club of Rome 1991. Wenn Adam sich reformieren kann, dann sehe ich dies nur auf dem Weg über einen kontrollierten Umgang mit Emotionen, global und durch inneren Wandel herbeigeführt.

Ich lese dir hier mal vor, was der Club of Rome in seinem Abschlußbericht 1991 schrieb:

„Es muß dringend eine neue Haltung gefunden werden, in der Werte Ziele setzen und dem Individuum das Gefühl von

Sinnhaftigkeit geben.
Veränderung wird zu häufig nur als Bedrohung des Selbst an-
gesehen (...). Die einzige Hoffnung scheint im gemeinsamen
Handeln zu liegen, das von der Einsicht in die Gefahren (...)
inspiriert ist.
Ein wesentlicher Zuwachs an Weisheit ist wahrscheinlich nur
durch die innere Entwicklung des Individuums zu erreichen. [7])
Uns Männern steht, auch wenn wir das Gegenteil behaupten,
meist ein Faktor ein Bein nach dem anderen im Alltag, das,
was wir in Bayern so auf den Punkt bringen: „Fui zvui Gfüi!"
Jacqueline Ackermann:
Läßt sich das wirklich so pauschalisieren? Also, ich persönlich
habe schon eine Reihe von Männern kennengelernt, die mir eis-
kalt vorkamen, geradezu absolut gefühlskalt, und dann wieder
jede Menge fröhliche, ausgeglichene, lockere und sehr gefühl-
volle, aber ausgeglichen-kontrolliert wirkende Männer?! Und
dann unterscheiden sich Männer aus Bayern doch auch noch
von solchen aus Spanien, Madagaskar, Kenia oder Brasilien,
oder?
Hugh-Friedrich Lorenz:
Und ob. Du siehst, wie breit das Feld ist, das wir beackern
müssen, wenn wir über «Adam als Spezies» sprechen, wenn wir
generalisieren wollen. Denn da gibt es klar die regionalen oder
– präziser - soziodemographischen Unterschiede. Und auch
Mann zu Moses Zeiten in Ägypten war und ist nicht Mann 2013
in Berlin.
Du wirst im Laufe unseres Gesprächs auch erkennen, daß es
nur eine kleine, eine überschaubare Reihe von Basistugenden
ist, die uns Männern global helfen würde, den Planeten zu
befrieden und doch dabei unsere jeweilige Identität behalten
zu können.
Es geht um Basistugenden, die zeitlos sind, sich aus wertvollen Erkenntnissen von Jahrtausenden speisen und vor allem aus
Erkenntnissen über den sorgfältigen Umgang mit dem Leben
und mit der Schöpfung, die uns *von Frauen geschenkt* wurden.
Ich werde das in meinem Buch *«Ergebnisoffen leben – wir soll-*
ten nur mutig sein!», das rechtzeitig für den Weihnachtsgaben-

tisch erscheinen soll, darlegen.

Aber laß mich bitte dazu zunächst präzisieren, was ich „*das Diktat der Emotionen*" nenne: Emotionen sehe ich wie *das Steuerrad an unserem Persönlichkeitsschiff*, das – um bei dem Vergleich zu bleiben – unseren Weg durch die Alltagswogen bestimmt.

Lust und Unlust, Ängste, erotische Erregung, Boshaftigkeit, Neid, Eitelkeit, Mißgunst, Wachheit oder Trägheit, explodierende Freude, Weinen, Liebe, Lust und Lüge, all diese Elemente unseres Alltags, deren Dominanz bei spontanen ebenso wie bei längerfristig geplanten Entscheidungen, können täglich beobachtet werden – beobachte du dich selbst, ich mich, immer wieder staune ich, wie gefühlsgesteuert ich ach so kluger Denker doch bin!

Jacqueline Ackermann:

Bis hierher kann ich dir folgen und bemerke verblüfft, daß mir das *so* in dieser Deutlichkeit noch nicht aufgefallen ist. Ich hielt mich immer für eine Frau, die ihr Leben im Griff hat und nur zwischendurch mal einen Gefühlsausbruch zuläßt.

Hugh-Friedrich Lorenz:

Jacqueline, das ist ja das Interessante an den Emotionen: Sie geben sich im Alltag als unser «Ich» aus, sie führen uns an der Nase herum. So daß es vorkommen kann, daß wir am Abend sagen: „*Oh Gott, hätte ich da heute nur anderes reagiert...*".

Aber bitte: Ich beschreibe in unserem Gespräch heute nur *meine* Sicht der Dinge, also du hörst hier nicht das Evangelium, nur Denkanstöße!

Jacqueline Ackermann:

Nun sei mal nicht so bescheiden, du befaßt dich ja mit diesem Themenkomplex professionell und täglich, da nehme ich das schon ernst, was du sagst. Aber ich greife mal deinen Vergleich auf: Wenn die Gefühle der Steuermann sind, wer ist dann der Kapitän?

Hugh-Friedrich Lorenz:

Schon wieder zwei Männer, fällt dir das auf? Die «Kapitänin» und die «Steuerfrau» gibt es bis heute nicht, oder? Ja, bleib ruhig, ich will dich ja nur sensibilisieren für die Erkenntnis, daß alles um uns herum maskulin geprägt ist und 50% der Weltbe-völkerung, also Frauen, sich das seit Jahrtausenden gefallen lassen!

Im SPIEGEL 37/2013 findet sich ein Artikel, bei dem ich mir die Augen rieb: Die vielbeachtete russische Feministenorgani-sation «Feman» wurde aus dem Hinter-grund von einem Mann gesteuert!

Eine der daraufhin angesprochenen Akti-vistinnen antwortete auf die Frage: *„Warum haben sie auf ihn gehört?"* mit *„Wir waren Mädchen, die einfach nicht wußten, wie man so jeman-den bekämpft. In einer Gesellschaft aufgewachsen, in der Männer dominieren und Frauen sich beherrschen lassen."* [8])

Jacqueline Ackermann:

Und warum lassen wir Frauen uns das gefallen? Bist du schon einmal auf den Gedanken gekommen, daß uns das alles viel-leicht ja gar nichts ausmacht? Vielleicht ist doch bequem, wenn der Kapitän auf der Brücke über den Kurs bestimmt, während ich ohne Streß in der Kabine in Ruhe meine Nägel lackieren kann...?

Hugh-Friedrich Lorenz:

Es geht um die Eisberge, Jacqueline, um die Eisberge! Wären auf der Brücke der «Titanic» mindestens eine, wenn nicht gar mehrere Frauen gestanden, wären die fetten Bonzen aus den vergoldeten Salons vielleicht lebend angekommen in New York...

Jacqueline Ackermann:

...was ein Gewinn für die Menschheit gewesen wäre?

Hugh-Friedrich Lorenz:

Im Gegenteil, das weißt du, und ich verstehe die Provokation in deiner Frage: Es hätte die männliche Überheblichkeit und offensichtliche Selbstüberschätzung nur noch gefördert. Leider hat die Einsicht in die männliche Hybris nach dem Untergang der «Titanic» nur kurz gedauert.

Jacqueline Ackermann:

Also was ist jetzt: Wer ist in deinem Menschenmodell der Kapitän? Und reden wir immer noch vom Adam-Problem oder über allgemeine menschliche Probleme mit der Steuerung und der Kursbestimmung?

Hugh-Friedrich Lorenz:

Was ich an dir liebe, ist deine Intelligenz. Was ich an dir fürchte, ist deine Präzision...

Jacqueline Ackermann:

... die ja eigentlich eine Männerdomäne ist: Präzisionswaffen zum Beispiel.

Hugh-Friedrich Lorenz:

Wir schnitten in der letzten halben Stunde so viele Themen an, von denen jedes einzelne ein ganzes Buch hergeben würde.

Also Schritt für Schritt: Du hast nach dem Kapitän bei meinem Menschenmodell gefragt. Da bringst du mich schon wieder in Verlegenheit, weil ich dir da nur die Lorenz-Variante liefern kann, und die enthält, wie du das von mir kennst, stets den Hinweis, daß ich die Dinge nur aus *meiner* Perspektive sehen kann und keine für immer geltenden Wahrheiten transportiere.

Ich halte mich an die Erkenntnis, die wahrscheinlich eine alte asiatische Weisheit ist und Konfuzius zugeschrieben wird: *„Ein Gedanke ist ein nach der Wahrheit geschossener Pfeil – er kann immer nur einen Punkt treffen, nie die ganze Scheibe."*

Denn bei unserem großen Thema geht es letztlich um Weltbildfragen, unter anderem um die Frage: *Was verstehe ich unter Seele, was unter Persönlichkeit?* Denn Seele ist für mich der Kapitän!

Im SPIEGEL 36/2013 zum Beispiel beschreibt eine exzellente Analyse die weltweite Macht der Sekte «Scientology», einer ekelhaften, menschenverach-tenden Organisation, die sich in Amerika sogar «Kirche» nennen darf.

Was immer wir von diesen Scientology- Ganoven auch halten mögen: Da wird ein Modell dargestellt, wie wir Menschen uns hier verstehen könn(t)en, so irrational das Weltenmodell von Mr. Hubbard auch klingt – aber die von dieser hinterhältigen Sekte angesprochenen Menschen sind eindeutig manipulierbar *nur über ihre Emotionen!*

Ich kam mit dieser Gangsterbande durch drei Personen in Berührung, als ich noch in Basel lebte – sie wurden finanziell ausgeblutet und emotional manipuliert, als wären sie Zombies.

Ich saß auch mal bei einer Scientology-Niederlassung in Basel, mit den beiden Blechdosen in der Hand, ein Kasperletheater für einen Menschen wie mich, eine Lachnummer – aber wenn du verzweifelt und in seelischer Bedrängnis bist, Jacqueline, dann schnappt die Falle leider viel zu oft zu.

In der Kabbala findet sich ein ganz anderes Modell der Stellung des Menschen im Kosmos, im Koran wieder ein anderes. Erich von Däniken öffnete uns gottlob die Augen für ein noch mal ganz anderes Modell des Menschseins, denn selbst im ach so hochgelobten «Buch der Bücher» ist von den «Söhnen der Götter» die Rede, die sahen, „daß die Töchter der Menschen schön waren und sie nahmen sich zu Weibern, welche sie wollten" [9]), während die Christen dem lieben Gott nur einen einzigen Sohn zugestehen.

Kurzum: Alles läuft darauf hinaus: *„Du willst eine Gemeinde um dich scharen? Dann packe die Emotionen, die Gefühle des Menschen an der richtigen Stelle, und dieser Mensch gehört dir!"*

Ist doch auch in der Liebe so, oder? Hand auf´s Herz, Jacqueline: Hast du je einen Liebespartner gewählt, nur weil er Goethe perfekt zitieren konnte?

Und warst nicht auch du schon von einem «echten Kerl» beeindruckt, nur weil er so tolle Muskeln hatte und klar machte, er nehme sich einfach jede Frau, die er will?

Und wenn es dann doch der Goethe-Kenner war, bei dem du letztlich schwach wurdest, dann doch wohl, weil du das, zum Beispiel, so cool gefunden hast, wie seine Grübchen zuckten und seine hellblauen Augen aufleuchteten, als er aus dem «Faust» zitierte: „Grau, teurer Freund, ist alle Theorie / und grün des Lebens goldner Baum!" Wobei wir doch wieder mitten in den Emotionen wären, gnädige Frau!

Jacqueline Ackermann:

Treffer, versenkt, ja!!! Das gab es, ich bekenne, euer Ehren...

Hugh-Friedrich Lorenz:

Der Herr, der sich aus Kirchensteuermitteln 2013 für ein paar

Millionen einen Bischofssitz in Deutschland bauen läßt – der Limburger Oberhirte Franz-Peter Tebartz-van Elst (53) - und seine Kollegen in Frauenkleidern bieten mit ihrer Selbstinszenierung der menschlichen Emotion doch nur an, was diese doch offensichtlich sucht: Ekstase!

Jacqueline Ackermann:
Na, jetzt bin ich baff – Ekstase? Also, mir würde es schon ein ekstatisches Erlebnis bescheren, wenn du mir jetzt noch einen weiteren Eisbecher bestellen würdest, und zwar auf deine Kosten, denn allmählich fühlt sich Badenweiler um die Mittagszeit an wie die heiße Toskana...

Hugh-Friedrich Lorenz:
...was ja auch ein Slogan der hiesigen Werbeleute ist, hier sei die «deutsche Toskana» - www.badenweiler.de

Ich weiß, es mag jetzt penetrant klingen, aber das ist schon wieder ein Bündel an Emotionen, der Eisbecher, der einige Sinne gleichzeitig anspricht, die Wohlfühl-Vorstellung der Toskana und so weiter – kurzum: Gefühle in unserem Alltag, wohin wir sehen, oder?

Und was die Ekstase betrifft: Es ist ja im Grunde ein wunderbarer, erstrebenswerter Zustand! Menschen erleben ihn zum Beispiel bei einem intensiven Liebesakt, oder damals, als Michael Jackson vor hunderttausend Zuschauern den «Moonwalk» präsentierte. Aber auch Tiere geraten nachweislich in Ekstase, ein Begriff, der nichts anderes bedeutet – rein etymologisch – als «außer sich sein».

Hermann Broch, der sich intensiv wie kaum ein anderer mit den Phänomenen der Ekstase und des Massenwahns beschäftigte, schrieb:

„Und da die irrationale Ekstaseverlockung stets stärker als die rationale für den Menschen ist, so ist es zumeist ihr zuzuschreiben, daß der Mensch, trotz seiner Trägheit, nicht dauernd in dem ihm angestammten oder sonstwie ihm zugeteilten Wertesystem verharrt, sondern, im Sinne jener Rangordnung, manchmal zu «höheren« Systemen «bekehrt» oder zu «niedrigeren» depraviert werden kann (...)" [10]).

Jacqueline Ackermann:

Depraviert – wat´n dat?

Hugh-Friedrich Lorenz:

Jacqueline, du outest dich! Aber offen gestanden: Ich mußte damals, als ich mit ungefähr fünfundzwanzig Jahren dieses Buch zum ersten Mal in die Finger bekam, auch im Lexikon nachschlagen. Es bedeutet in diesem Zusammenhang «eine Verschlechterung», möglicherweise sogar ein «Verderben».

Jacqueline Ackermann:

Sind wir noch beim Thema «Reformhaus Adam» oder schweifen wir ab? Du redest immer nur von dir, das verunsichert mich. Sind wir wirklich dabei, über Adam 2013 generell und als Spezies zu sprechen oder brauchst du einfach jemanden, der dir zuhört, um über deine eigenen Probleme mit deinem Mannsein zu sprechen?

Hugh-Friedrich Lorenz:

Bis du deinen vierten Eisbecher geleert und dich um 20000 Kalorien bereichert hast, bringe ich alles auf den Punkt, versprochen!

Nimm mal das Beispiel der Religionen: Alles, aber auch alles rund um das, was die meisten Menschen unter Religion verstehen, ist Emotion, ist Imagination, ist irreal und irrational.

Alleine die Tatsache, daß zum Beispiel Juden behaupten, ihr Gott hätte ihnen dies und jenes vorgeschrieben, während Muslime behaupten, der ihre hätte ihnen zirka viereinhalb Jahrtausende danach ganz etwas anderes zur Pflicht gemacht, während Christen wiederum Herrn Jesus als Alleinherrscher über all das sehen, in jeweiliger Abstimmung mit seinem Vater und dem Heiligen Geist, versteht sich.

Und ein Mann in Rom, in wallende Frauenkleider gehüllt, segnet im Namen eines Propheten namens Jesus alljährlich zweimal die Stadt Rom und, weil er schon mal gerade dabei ist, noch den ganzen Erdkreis mit...

Jacqueline Ackermann:

...du meinst den Segen „Urbi et orbi"?

Hugh-Friedrich Lorenz:
Zugleich aber ist ihm bewußt, welche Schweinereien die Vatikanbank auf dem Gewissen hat, welche Ungeheuerlichkeiten weltweit an Menschen im Namen der katholischen Religion begangen wurden und wie homosexuelle Männer nach außen geächtet werden, aber innerhalb des Klerus sehr wohl toleriert werden– ist das nicht auch eine Form von Lüge?

Jacqueline Ackermann:
Na ja, das sehe ich jetzt eher als das, was so allgemein Heuchelei genannt wird. Aber ich verstehe schon, was du meinst, wenn du von Wahrhaftigkeit sprichst, in diesem Zusammenhang gesehen ist es nicht wahrhaftig...

Hugh-Friedrich Lorenz:
...richtig, denn dann sollten diese Herren sich nicht gleichzeitig anmaßen zu behaupten, sie können im Namen Gottes handeln – der Gott, der wirklich hinter dieser großartigen Schöpfung steht, ist alles andere als manipulierend, wertend oder gar strafend, es ist mit Sicherheit eine wunderbare, liebevolle Energie. Übrigens, wenn wir schon bei diesem Thema sind, viel eher eine Energie mit weiblichen Eigenschaften als mit männlichen.

Jacqueline Ackermann:
Du nimmst jetzt die «Bleep»-DVD vom Stapel, ich weiß warum, ich habe den Film auch schon mehrmals gesehen («What the bleep do we know?» [11])). Ja, eine wirklich liebevolle und zugleich hoch kompetente Sicht unserer Welt.

Hugh-Friedrich Lorenz:
Genau, das ist das Stichwort, liebevoll. Liebe scheint die Energie zu sein, die all dies Wunderbare hier unten hervorbringt und zusammenhält. Und diese Energie ist weiblich, behaupte ich.

Jacqueline Ackermann:
Sprichst du euch Männern denn Liebesfähigkeit generell ab? Oder nur die Fähigkeit, eure Liebesfähigkeit zu zeigen, eine ruhige, aggressionsfreie Lebensweise zuzulassen?

Hugh-Friedrich Lorenz:

Letzteres. Aber ich wage jetzt mal vorwegzunehmen, was ich als ... nennen wir es einmal eine «Arbeitshypothese» bei meinen Überlegungen zugrunde lege:

Es gibt kaum Männer, die es schaffen, aus dem Stadium pubertären Verhaltens zu einer emotional ausgewogenen Persönlichkeit zu reifen. Liebesfähigkeit bedingt aber sowohl das Ego zurücknehmen zu können als auch, es im richtigen Moment zu zeigen.

Sieh mal hier, SPIEGEL 40/2013, über diesen bekloppten Trainer Klopp – ein Paradebeispiel für einen sogenannten Mann, bei dessen Beobachtung in Werbespots und von ihm am Spielfeldrand ich gar nicht so viel essen kann, wie ich kotzen könnte, in Anlehnung an einen Spruch von Max Liebermann.

Andres Kupper, der Vorsitzende des Jugendausschusses im Berliner Fußball-Verband, bringt es in diesem Artikel so auf den Punkt, was diesen bärtigen Obermacho betrifft: „Seit der Dortmunder Trainer Jürgen Klopp während des Spiels gegen Neapel so ausgerastet ist, haben wir es nicht leichter (...)".

Solche sogenannten Männer wie Herr Klopp schaden Zehntausenden junger Männer in ihrer Entwicklung, weil solche Typen Aggression, Ausrasten als ganz normales Verhalten vorführen, das auch noch mit sechsstelligen Beträgen honoriert wird – Steinzeitaffe als Vorbild, for ever oder was???

Für mich grenzt solches Verhalten an Anstiftung zum Verbrechen, zur Aggression! Warum zieht man diesen Mann nicht aus dem Verkehr?!

Nicht ausgewogen agieren und reagieren zu können, ist schlichtweg pubertäres Verhalten und nicht das, was ich als wirklich männliches Verhalten bezeichne.

Und da ich ja mein eigenes Studienobjekt bin, räume ich ein: Ja, auch ich zeige mit vierundsechzig Jahren manchmal noch pubertäre Verhaltensmuster, die mich erschrecken, weil ich sie – aus Sicht der Vernunft – als total widersinnig betrachte, aber – aus der Emotion heraus – einfach nicht ablegen kann.

Das Tabu der Dauerpubertät

Jacqueline Ackermann:

Na, jetzt wird es ja spannend! Outen Sie sich, bringen Sie mal ein Beispiel, Herr Spätpubertierender!

Hugh-Friedrich Lorenz:

Beispiele für andauernde, pubertäre, ja geradezu infantile Verhaltensmuster bei uns Männern kann sich jede und jeder aus dem eigenen Umfeld holen, ich bitte dich, da muß ich gar nicht anfangen, die meinigen aufzuzählen – nimm nur die neue Spielsucht, «World of Warcraft» zum Beispiel, bei dem es – natürlich! – um das männliche Lieblingsthema Kampf geht und das selbst sogenannte er-wachsene Männer an den Bildschirm bannt;

setze dich in den Bus und schüttle den Kopf über Zombies mit Knöpfen im Ohr wie früher nur die Teddybären von *Steiff*;

schau an einem Sommertag auf die Fahrradwege und du siehst menschliche (vorwiegend *männliche*) Papageien vorbeiflitzen, bunt, gestylt, cool die Sonnenbrille auf der Nase, auch wenn die Sonne sich schon längst verabschiedet hat;

oder ganze Kerle auf der «Harley», gebräunte, bärtige Zahnärzte, die unbedingt einmal in ihrem Leben die «Route 66» easy „herunterriden" wollen;

schau dir an, wie wir Männer wie Pfauen daherwandeln, und zwar nicht nur in den unteren sozialen Schichten: Obligatorisch bei Herren im Marketing, im Bankwesen, ja sogar bei Supermarktmanagern ist doch inzwischen der Auftritt im schwarzen Busineß-Anzug, sekundiert von schwarzen Socken, in schwarzen Schuhen steckend, Gel im modisch geschnittenen Haar, das von der hochgesteckten Sonnenbrille bekränzt wird und vorgezeigt im schwarzen Superauto mit getönten Scheiben, das Auto möglichst drei Meter hoch und vierzehn Meter lang – und da rätseln wir darüber, Jacqueline, ob und wie Emotionen unser Leben bestimmen?

Nein: Emotionen und eben vorwiegend *männliche* Emotionen *terrorisieren unseren Alltag*, Jacqueline, das behaupte ich im

Sinne eines Gedankens von Wilhelm Raabe: *„Ich sehe nicht schwarz, ich sehe nur!"*!

Übrigens spielt sich momentan bei jungen Frauen traurigerweise das gleiche Muster ab, wie ich demnächst in «Reformhaus Eva» darlege: Infantile, pubertäre Verhaltensmuster bis ins dritte, vierte Lebensjahrzehnt, mit einem Wort: Äußerlich groß gewachsene, aber innerlich klein gebliebene Kinder!

Was übrigens bezeichnenderweise auch nicht immer der Fall ist, das groß gewachsen: Solide Statistiken weisen nämlich aus, daß sowohl Frauen als auch Männer in den letzten drei Jahrzehnten durchschnittlich kleinwüchsiger werden, eben kindlicher in der Statur, eine höchst interessante Beobachtung. Androgynes kündigt sich an, aber das wäre schon wieder ein gesondertes Thema, das Stunden in Anspruch nähme.

Jacqueline Ackermann:

Sag´ mal, du weißt, daß das, was du da so provozierend von dir gibst, nicht unter das Motto *„So mache ich mir Freunde!"* fällt? Und redest du nicht, bei allem Respekt, wie alte Leute nun mal reden, weil die Jungen eh nichts taugen, weil sie nicht so sind, wie die Alten, die angeblich früher so vorbildlich waren?

Hugh-Friedrich Lorenz:

Ich lasse in meiner leider bis heute nicht vollendeten Erzählung «Affen an die Macht» die Hauptperson, einen verschrobenen Professor, auf das Phänomen der Neotenie hinweisen, ein überaus interessantes Phänomen, das ich bei vielen Menschen unter heute fünfzig Jahren festzustellen glaube und das wirklich diskussionswürdig ist

(http://www.hugh-lorenz.com/downloads/affen.pdf).

Du solltest den Begriff «Neotenie» mal googeln beziehungsweise gleich auf Wikipedia lesen, was da steht, das ist hochinteressant.

Es scheint nämlich so, daß es in unseren modernen Zivilisationen durchaus und nahezu problemlos möglich ist, kindliche – infantile – Verhaltensmuster bis ins hohe Alter zu bewahren.

Ja, ich provoziere mal die Frage: Wenn wir die uns bekannte, rekonstruierte Weltgeschichte bis heute betrachten, stoßen wir nicht nahezu ausnahmslos auf gerade solche Muster?

Jacqueline Ackermann:

Also, für mich wird es jetzt wirklich spannend: Wenn ich den Gedanken aufgreife, daß wir eigentlich nie erwachsen werden, sondern uns mit unseren kindlichen Emotionen bis zur Rente durchschleppen können, dann taucht ja die Frage auf, wie wir dann das offensichtlich schwierige Erwachsensein definieren und wer denn dann dieser Definition überhaupt entsprechen kann?

Und auch die Frage, ob wir nicht, ohne uns dessen je so bewußt gewesen zu sein, wie schlafwandelnde Kinder durchs Leben laufen, emotionsgesteuert und die sogenannte Vernunft eher meidend?

Hugh-Friedrich Lorenz:

Es scheint so. Nimm mal das Beispiel der Namen, die sich Menschen im Internet geben, sei es als Mailadressen, bei Ebay, in irgendwelchen Chatrooms, bei Facebook oder ähnlichem Spielzeug – du kriegst die Motten wenn du dir vorstellst, daß hinter solchen Namen erwachsene Menschen stecken sollen – was bricht denn da durch? Die Sehnsucht nach dem «Kind in mir»? Oder nach (m)einer verleugneten, wahren Persönlichkeit, die ich so gerne sein möchte, aber den Erwachsenen spielen muß?

Wir sind noch immer mitten im Thema «Adam», aber es erweist sich facettenreicher als geahnt, oder?

Denn da geht es ja um die Definition von «Mann» und, wie wir jetzt feststellten, zuvorderst mal ganz allgemein um die Definition von «erwachsenem Verhalten, Denken, Fühlen und Handeln».

Wenn zum Beispiel unseren Jungs der Trainer von Borussia Dortmund, der Herr Klopp, als Vorbild genannt werden würde, dann könnte dies nur geschehen, indem wir unseren Kindern sagen würden: *„Schau mal, Gefühle zeigen ist doch was Tolles, oder? Siehst du, wie er seinen Unterkiefer vorschiebt? Wie ein Gorilla kurz vor dem Zubeißen, oder? Und wie er seinen mus-kulösen Arm reckt, wenn seine Mannschaft ein Tor erzielt hat,*

he, der zeigst es mal richtig den Idioten, gegen die er kämpft!
Laß alles raus aus dir, was dich gerade bewegt! Und der Klopp,
das ist ein echter Mann, Junge, nimm dir den als Vorbild!"

Jacqueline Ackermann:

Ich weiß, was du meinst – Kampf und Machtgehabe sozusagen
als Grundausstattung des spätpubertären Männerdaseins?

Hugh-Friedrich Lorenz:

Du sagst es. Es scheint so: Ein Mann, der nicht in irgendeiner
Form gegen irgend etwas kämpfen darf und dabei einige klassi-
sche Verhaltensmuster herunterspulen kann, ist keiner. Aber
hinter diesem Verhalten versteckt sich nach meinen Analysen
vor allem eines: Angst! Ja, besser im Plural: Ängste! Versagens-
ängste zum Beispiel.

Ja, Jacqueline, wir haben anscheinend wirklich noch ein paar
Stunden Gespräch vor uns, wenn es so weiter geht – vielleicht
solltest du vom Eis zu starkem Kaffee übergehen?

Jacqueline Ackermann:

Es geht dir doch wieder nur um deine Spesenrechnung,
Kaffee ist billiger als ein dicker, fetter Eisbecher mit Erdbee-
ren, zum Beispiel, den ich mir jetzt aber gerade zum Trotz
nochmal bestelle, bevor ich zu kühlem Mineralwasser über-
gehe.

Hugh-Friedrich Lorenz:

Überbordende Emotionen im lukullischen Bereich, gnädige
Frau. Typisch Eva!

Also laß uns über überbordende Emotionen von Menschen
reden, insbesondere von Männern, zum Beispiel auf der südli-
chen Halbkugel, Emotionen, die ja oftmals extrem eruptiv
wirken - nimm den Karneval in Rio als amüsantes Beispiel,
nimm Tumulte im arabischen Frühling als abschreckendes
Beispiel -, während wir Männer der nördlichen Halbkugel unsere Gefühle selten so zwanglos zeigen, außer wenn Bayern Mün-
chen mal wieder gewinnt oder Vettel mit Champagner um sich
spritzt, dann gäbe das schon Stoff für Stunden der Diskussion,
welche Kräfte, welche Wirkungsmechanismen, welche *histori-
schen* Einflüsse, welche *biologischen* Einflüsse und so weiter
denn diese Unterschiede im männlichen Verhalten bewirken!

Würden wir jetzt Schach spielen, käme das, was ich jetzt gleich tun werde, einem Zug gleich, den Schachspieler fürchten wie der Teufel das Weihwasser: Gleichzeitig steht der König im Schach und die Dame in dem, was so schön «Gardez!» heißt.

Jetzt fällt mit Sicherheit eine Bastion – bei diesem Beispiel aus dem Schach gnadenlos die Dame, denn der König muß ja wegziehen.

Denn auf was ich letztlich bei unserem Thema hinauswill, ist ein zentraler Aspekt unseres Alltags und unser aller Persönlichkeiten, so zentral, daß er in seiner Wichtigkeit durchaus mit der gefährdeten Position der Dame in einer Schachpartie vergleichbar ist: Dem Thema «Lügen»

Jacqueline Ackermann:

Na endlich kommt der Eisbecher – ohne Abkühlung ertrage ich deine heißen Themen fast nicht mehr – zahlst du jetzt meine Freßorgie, ja oder nein oder nicht oder doch, bekenne Farbe, Bursche?!

Hugh-Friedrich Lorenz:

Oh je, du frißt mir die letzten Haare vom Kopf, Jacqueline. Aber da sich da auf selbigem Herrn-Lorenz-Schädel eh nur noch Resthaare finden lassen, Frauen andrerseits aber Glatzköpfe angeblich sexy finden – friß dich weiter fett auf meine Kosten, es sei dir genehmigt, meine Tochter: „In nomine Lorenz et Filii et Spiritus Eiscremé, amen!"

Das Tabu der (Lebens)Lüge(n)

Jacqueline Ackermann:
Wann hast *du* heute zuletzt gelogen?

Hugh-Friedrich Lorenz:
Soeben, als ich behauptete, ich würde deine Eisbecher bezahlen, weil ich das absolut nicht vorhabe. Ich behaupte nämlich in etwa zehn Minuten, ich müsse mal rasch für kleine Jungs, was ja bei alten Männern stets auf Probleme mit der Prostata hindeutet und damit glaubhaft ist. Ich haue dann durch die Hintertür des Hotels ab zum Parkplatz, Gang rein, weg, und laß dich damit einfach auf der Rechnung sitzen!

Jacqueline Ackermann:
Spielen wir das mal durch – du bist also momentan absolut nicht nervös, obwohl du mir jetzt scheinheilig ins Gesicht lügst, weil du einen hinterhältigen Plan ausgeheckt hast?

Hugh-Friedrich Lorenz:
Gegenfrage: Nenne mir mal einen Filmtitel zum Thema Adam und Eva, bei dem *Lüge* keine Rolle spielt?

Denke ich an «Casablanca», den Film, bei dem mir jedesmal die Tränen kommen, wenn Sam am Klavier «As time goes by» spielt, und den ich schon 7632 Mal sah, ebenso wie «Bodyguard», bei dem damals meine Frau und meine beiden Töchter und ich am Fußboden lagen und wir uns schluchzend in den Armen hielten, oder an meinen allwochentäglichen «Sturm der Liebe» in der ARD, bei dem ich jedesmal auf den Bildschirm hämmere, weil sie oder er nicht merkt, wie sie oder er sie so was von offensichtlich belügt...

Jacqueline Ackermann:
...was, Hugh, du liebst mich also, *deshalb* belügst du mich? Whau...

Hugh-Friedrich Lorenz:
Um das sprachlich korrekt auszudrücken, Jacqueline: Gäbe es dich wirklich, liebtete ich dich. Aber um wieder ernsthaft zu werden: Meine Überlegungen zur Frage, wie Adam zu reformieren ist, stoßen immer wieder auf den Punkt «Wahrhaftigkeit».

Ein altmodisches Wort, zugegeben.

Aber Wahrhaftigkeit ist nach meiner bisherigen Lebenserfahrung zum einen die beste Prophylaxe gegen Krankheiten und zugleich die beste Medizin, um bei Krankheit wieder zu gesunden. Zum anderen das, was am wirklich Aller-schwierigsten im Alltag zu leben ist.

Jacqueline Ackermann:
Kannst du dieses altmodische Wort «Wahrhaftigkeit» mal ins aktuelle Deutsche übersetzen? Das klingt schon ein wenig nach achtzehntem Jahrhundert.

Hugh-Friedrich Lorenz:
Meine Übersetzung mag sperrig klingen: «*Stimmig sein dürfen und können mit sich selbst und niemanden bewußt belügen!*». In meinem Umfeld finden sich einige wunderbare Menschen – Frauen ebenso wie Männer – denen ich zubillige, daß sie das bereits sind, also wahrhaftig und stimmig, im Unterschied zu mir.

Jacqueline Ackermann:
Und warum bist *du* das nicht?

Hugh-Friedrich Lorenz:
Vielleicht bin ich da ja zu streng mit mir, stelle von Jahr zu Jahr höhere moralische Anforderungen an mich selbst. Das hat sicher sehr viel damit zu tun, daß ich hypersensibilisiert bin für Unstimmigkeiten in zwischenmenschlichen Beziehungen seit meiner Jugend, daß ich vielleicht auch sensibler als andere wahrnehme, wo etwas verdrängt wird, wo kognitive Dissonanzen im Alltag auftreten, wo sich Verhaltensmuster und Rituale eingebürgert haben, deren generelles *Fundament* nicht stimmt.

Adorno brachte es ja auf den Punkt: „*Es kann kein richtiges Leben geben im falschen*"! Aber unhinterfragte Lebensmodelle erzeugen Lebenslügen, die so internalisiert werden, daß sie als solche gar nicht mehr erkannt werden.

Zuhause, in Nürnberg-Eibach, wo ich aufgewachsen bin, haben in unserem Haus damals vor allem Emotionen und, eben, Verlogenheit gewirkt: Haß, Mißgunst, Neid, Gier. Es ging letztlich darum, wer das Haus bewohnen darf, das Opa und Oma erbaut hatten, wie sich die Erbengemeinschaft einigt oder auch nicht.

Ich mußte schon als Kind miterleben, wie Menschen bewußt und gezielt einander belogen und betrogen haben, ja, sich sogar körperlich aggressiv attackierten.

Sie haben mich damals aus dem Waisenhaus geholt, in das mich meine Großmutter und meine Mutter für ein Jahr verpflanzt hatten, aber sie haben mir keine liebevollen, glaubwürdigen, ehrlichen Alternativen gezeigt, sondern mich eher noch mehr Lügen und Aggressionen erleben lassen, als ich sie im Waisenhaus in Herzogenaurach bei den ach so katholischliebevollen Schwestern erleben mußte.

Jacqueline Ackermann:

Was meinst du damit? Die übliche schwere Kindheit? Oder noch mehr, Schläge zum Beispiel?

Hugh-Friedrich Lorenz:

Oh ja, auch das. Meine Großmutter ging brutal auf mich los, schlug mir die Nase blutig bei Kleinigkeiten, die nicht in ihre Vorstellung eines «braven Fredi» paßten.

Meine Mutter schlug mich allerdings nie. Aber verbal lautstark und aggressiv unterstützt durch meine Mutter, ging Oma bis zur körperlichen Attacke auf meine Tanten los, Tante Ernie, Tante Rosi, Tante Inge, da haben sich vor den Augen eines acht-, zehn-, zwölf-, fünfzehnjährigen Jungen Szenen abgespielt, die ich damals natürlich nicht verarbeiten konnte. Daher auch meine extreme Akne, deren Spuren ich heute noch trage, denn es hieß immer, wenn ich Gespräche über ihre Intrigen mitbekam „..*aber nur ja nichts der Tante Inge sagen!*", zum Beispiel. Da wehrt sich eine junge Seele, flieht in körperliche Signale.

Jacqueline Ackermann:

Sorry, Hugh, aber gleiten wir jetzt nicht ab in eine Psychoanalyse beziehungsweise in die Biographie deiner Jugend, anstatt generell über Lügen in Adams Leben zu sprechen?

Hugh-Friedrich Lorenz:

Sei beruhigt, Jacqueline, wir sind schon beim Thema. Denn ohne daß Menschen einander belügen, können doch keine Intrigen gesponnen werden. Ich wollte dir nur erklären, daß ich diese Spielchen seismographisch durchschaue und schon kennengelernt habe, als ich noch Kind war, und daß mich dieses Thema lebenslang begleitet – meine Novellentrilogie, die ich 2008 publizierte, trägt zum Beispiel den Titel «Liebe, Lust und Lüge» [12])

Mit fünfzehn hat mich Gerda verführt, meine dänische, damals fünfundzwanzigjährige «Ferienmutter» - kaum war ihr Mann aus dem Haus, hat sie mich ins Bett gezogen, was für mich einfach großartig war, so eine Erfahrung, mitten in der sprießenden Pubertät. Die moralische Lügen-Komponente dieser Affäre war mir in diesem Alter natürlich noch nicht bewußt.

Aber es mußte eben verborgen, versteckt werden vor ihrem Mann, das war uns beiden schon klar. Fünf Wochen lang spielten wir dieses Spiel, das mich zum schon in jungen Jahren zum perfekten Lügner erzog.

Ich konnte damals noch nicht erkennen, wie wichtig Wahrhaftigkeit im Leben ist.

Jacqueline Ackermann:

Und wie siehst du das heute, das mit der Wahrheit? Und wäre deine «Wahrhaftigkeit» ein Spezialprodukt als Angebot im «Reformhaus Adam»?

Hugh-Friedrich Lorenz:

Mit Sicherheit, Jacqueline, das ist sie auch, darauf kommen wir sicher noch, wenn es um positive Ansätze, um Lösungsmöglichkeiten geht. Darüber sollten wir später noch sprechen.

Aber daß sich Halbwahrheiten, bewußte Lügen, bewußtes Verschweigen durch unseren Alltag ziehen, ist doch nicht Neues. In meinem letzten Buch «*Wirtschaft. Arbeit. Menschen. Was Menschen in der Arbeitswelt bewegt und worauf es jetzt ankommt*« [13]) findet sich das Kapitel «Kognitive Dissonanzen», zwar auf die Arbeitswelt bezogen, aber generell relevant: Etwas als wahr, als richtig erkennen, aber zugleich entgegen dieser Einsicht leben müssen, das wird heute an allen Ecken und Enden von Arbeitnehmerinnen und Arbeitnehmern verlangt.

Arno Plack, der gesellschaftliche und psychologische Hellseher, wies ja bereits in den 1960ern klar auf dieses Agens unseres Alltags hin, allerdings ohne, daß dies damals in der breiten Öffentlichkeit diskutiert wurde. [14]). Im Klappentext des Buches (in der Ausgabe von EX Libris Schweiz) schreibt er: „*Dieses Buch handelt von der Lüge, die unsere Gesellschaft durchzieht und unsere sozialen Beziehungen vergiftet*" – deutlicher kann man es nicht sagen!

Jacqueline Ackermann:

Demnach schließt er auch lügende Evas ein? Oder lügen nur Männer, in deinem Weltbild?

Hugh-Friedrich Lorenz:

Meine Lebenserfahrung zeigt mir: Frau lügt *besser*, aber Mann lügt *öfter*, viel öfter, und in der Regel ohne schlechtes Gewissen, wie mir zahllose, vertrauliche Gespräche sowohl mit Evas als auch mit Adams zeigen. Und wie ich auch an mir selbst feststellen mußte. Wobei ich hier mit Lügen auch das meine, was unter «etwas nicht sagen, was gesagt werden sollte» und die Wahrheit, die Realität verdrehen beinhaltet, obwohl ich weiß, daß sie anders ist, die Realität, als ich sie jemandem gerade beschreibe.

Jacqueline Ackermann:

Frauen lügen, verdrehen, verschweigen also besser? Danke für die Blumen – also endlich wieder etwas, was Frau besser kann als Mann!

Hugh-Friedrich Lorenz:

Service, Madame! Aber ernsthaft: Ein wirklicher Paradigmenwechsel in unserer Gesellschaft ist stabil und langfristig nur dadurch zu erreichen, daß wir uns dem Thema Wahrhaftigkeit intensiv widmen.

Jacqueline Ackermann:

Aber wie soll das gehen, zum Beispiel in der Wirtschaft, der Arbeitswelt, wenn die Werbung reichlich lügen muß, um Kunden zu ködern? Und zwar so offensichtlich lügen, daß Werbeslogans manchmal schon peinlich sind, zum Bespiel wenn auf meinem Bildschirm immer wieder auftaucht: „*Herzlichen Glückwunsch, Sie sind der 100000 Besucher dieser Webseite, holen Sie sich Ihren Preis ab!"*? Plumper, doofer geht lügen wohl nicht, oder?

Hugh-Friedrich Lorenz:

Da sind wir wieder bei Adorno und dem richtigen Leben, das unmöglich ist im falschen Leben: Ein System, das nur durch permanente Lügen überleben kann, ist krank – und das *ist* das System, das wir immer noch *Kapitalismus* nennen, obwohl es eigentlich *«jeder gegen jeden»* oder *«du oder ich!"»* heißen müßte.

Ich denke, Jacqueline, daß wir uns bei unserem Gespräch über den Mann und seine Rolle in der Gesellschaft insofern im Kreis drehen, als wir immer wieder darauf zurück kommen, daß es gesellschaftliche Zustände sind, die Menschen formen, aber andrerseits es doch längerfristig wiederum Menschen – zuvorderst Männer- sind, die diese Zustände schaffen oder zumindest aufrechterhalten.

Karl Marx, der Menschenkenner, brachte es auf den Punkt: *„Es ist nicht das Bewußtsein der Menschen, das ihr Sein, sondern umgekehrt ihr gesellschaftliches Sein, das ihr Bewußtsein bestimmt."* [15])

Jacqueline Ackermann:

Hehre Worte, tolle Philosophie – aber, Hugh: *Dürfen* wir jetzt lügen, müssen wir es sogar, oder macht Lügen krank und wir sollten es tunlichst vermeiden?

Hugh-Friedrich Lorenz:

Alle die von dir genannten Aspekte treffen gleichzeitig zu, jedoch von Fall zu Fall und von Mensch zu Mensch unterschiedlich zu bewerten.

Nimm mal die unglaublichen Menschenrechtsverletzungen, die mitten in Deutschland verübt wurden und noch werden, täglich, bei LIDL und bei ALDI. Ich weiß übrigens aus erster Quelle, daß dies noch heute geschieht – eine junge Auszubildende bei ALDI-Süd zeigte mir noch vor ein paar Wochen blaue Flecken an Ihrem Körper, deren Ursprung ich jetzt hier nicht beschreiben darf, sonst würde sie auffliegen.

Wie verlogen muß eine erwachsene Frau sein, die tagsüber einen Auszubildenden, der in einem eindeutig kriminellen Akt gefesselt wurde, mit dem Filzschreiber ins Gesicht fährt und abends, zuhause, bei Mann und Kindern, lässig lächelnd über das Wetter redet?

Jacqueline Ackermann:

Verstehe ich das jetzt richtig: Du reduzierst also eine grundlegende Frage auf eine persönliche Entscheidung, was verheimlicht, was verdreht wird? Aber es ist doch eindeutig geregelt: In den zehn Geboten steht doch «*du sollst nicht lügen!*»

Jacqueline Ackermann:

Unsinn, verzeih: Es steht so expressis verbis *nirgendwo* in den sogenannten zehn Geboten, Jacqueline, nur in den *angeblichen* zehn Geboten, die sich die Herren Kleriker immer dann aus der Soutane ziehen, wenn es ihnen gerade in den Kram paßt.

Der Herrgott hat uns in der Frage nach Wahrheit und Lüge alleine gelassen – entweder hatte er vorausgesetzt, seine Söhne und Töchter kämen nicht auf die Idee, die Wahrheit gelegentlich zu verdrehen, oder es gilt der Satz aus einer berühmten Operette: „Einen Spaß will er sich machen!"

Ich weiß, ich klinge jetzt wieder belehrend und provozierend, was Religion betrifft. Aber in den beiden Originaltexten, also Ex. 20,2-17 und den Dtn. 5,6-21, also den sich interessanterweise in wesentlichen Passagen unterscheidenden Kerntexten, auf die sich ja seltsamerweise Christen ebenso wie Juden berufen, geht es dem Allerhöchsten und Mächtigsten mal zunächst nur um die Festigung seiner irdischen Macht – die ersten vier Gebote beschäftigen sich mit IHM allein und wie ER gefälligst als Alleinherrscher geehrt zu werden wünscht, wie er die bestraft, die das nicht tun, und daß ER den Sabbat schuf und warum.

Dann beliebten sich der Herr menschlichen Belangen zuzuwenden, nämlich zu bestimmen, daß Vater und Mutter gefälligst geehrt zu werden seien, wohl auch, wenn sie sich wie Kinderschänder oder Sadisten uns gegenüber verhalten; daß wir nicht morden, nicht stehlen und nicht die Ehe brechen sollen, unserem Nächsten nicht das antun sollen, was modern «üble Nachrede» heißen würde, und daß wir nicht das begehren sollen, was unserem Nächsten wichtig ist, seine Frau, sein Haus, seine Rindviecher etc. alles also sehr zeitgemäß.

Daß wir das alles *nicht* durch ein wenig Lüge schaffen sollen, hat der Allerwerteste – folgen wir der Annahme, ER hätte persönlich zu den Menschen gesprochen – *so* nicht niederlegen lassen.

Jacqueline Ackermann:

Schluck, schluck – mir wurde im Religionsunterricht immer gesagt, das wäre eines der zehn Gebote. Ich gehe mal davon aus, Hugh, daß das alles so stimmt, wie du das sagst...

Hugh-Friedrich Lorenz:

...verlaß dich nicht darauf, du weißt ja: Männer lügen schlechter, aber öfter! Aber verifizieren kannst du das im Internetzeitalter ja alles selbst.

Jacqueline Ackermann:

Dann läßt uns die Bibel also allein mit dieser Frage, lügen dürfen ja oder nein? Oder genauer gesagt: Der Begriff Lüge taucht direkt nicht auf, sondern nur implizit, sozusagen auf Umwegen, über die Tatsache, *daß* gelogen wird?

Hugh-Friedrich Lorenz:

Ich trete jetzt ungern in diese religiöse Diskussion ein, weil das viele Menschen ernüchtern mag, wenn klar wird, wie einsam sie da stehen, wenn sie von den Kirchen zu dieser Problematik Rat suchen. Aber ich will dir auch nicht ausweichen, Jacqueline.

Vielleicht hilft es uns zum Thema Lügen und wie wir damit umgehen, manchmal einfach glauben lügen zu müssen weiter, wenn ich auf ein anderes, zentrales Thema überleite, das Frauen und Männer im Alltag weltweit – das behaupte ich forsch – zu millionenfachen Lügen gerade zwingt, nämlich zu unserem Umgang mit unserer Sexualität.

Jacqueline Ackermann:

Oh je, jetzt brauche ich doch einen starken Kaffee – reden wir jetzt über unseren Unterleib?

Hugh-Friedrich Lorenz:

Wenn es dich entlastet, beschränken wir uns mal zunächst auf *meinen* Unterleib, da ich mich ja als Versuchsobjekt Adam zur Verfügung stellte. Verstecke du deinen Unterleib mal weiter in deinem traumhaften Sommerkostüm und plaudere zu dem Thema nur aus, was du später auch wirklich gedruckt sehen kannst, ohne rot zu werden und ohne mich als Sexisten hinter Gitter zu bringen, der behauptet hat, du würdest ein Dirndl ausfüllen können!

Das Tabu der Bedeutung der Sexualität im Alltag

Jacqueline Ackermann:

Also ... es geht um Sex, richtig? Hugh, wir Frauen wissen aber doch inzwischen längst, wie ihr Kerle tickt. Was willst *du* mir da Neues erzählen? Ich bin keine zwanzig mehr und habe auch meine Erfahrungen. Was ich allerdings kaum mehr habe, was das Thema Sex betrifft, sind *Illusionen*.

Hugh-Friedrich Lorenz:

Auf welche Aspekte der Sexualität bezieht sich denn jetzt diese Aussage bitte? Reden wir von liebvollen, zärtlichen, gemeinsamen Erlebnissen, von gandenlosem Machosex mit Peitschenhieben, die einer masochistischen Frau Lustschreie entlocken?

Reden wir über den Sex, bei dem nur Finger, Hände, Lippen, Zungen eine Rolle spielen? Reden wir von Telefonsex, bei dem uns im entscheidenden Moment vor Aufregung der Hörer aus der Hand fällt? Reden wir über heimliche Orgasmen in Hotelzimmern, über tolle Bettgeschichten und Ekstase, daß die Wände wackeln?

Oder sprechen wir von dem, auf was ich eigentlich hinauswollte, auf die generelle, auf die funda-mentale Rolle, die Sexualität als hormonelles und testosteronbedingtes Regulativ in unser aller Alltag spielt?

Jacqueline Ackermann:

Oh je, Herr Professor Lorenz beliebt wieder mal zu differenzieren – *hormonelles und testo-sterongesteuertes Regulativ*, das habe ich ja noch nie gehört!

Hugh-Friedrich Lorenz:

Ist mir auch eben erst so eingefallen. Ist aber doch ein Faktum: Unsere Hormone steuern doch unser Alltagshandeln. Bei uns Männern ist dies eben das Testosteron, das haben wir ja schon geklärt, als wir über Emotionen sprachen. Ich erlaube mir, dir mal vorzulesen, was ich zu diesem Thema in meinem Buch «Wirtschaft. Arbeit. Menschen» [16]) dazu geschrieben habe, hör zu:

Frage:
„Gibt es einen Faktor, der in der Arbeitswelt als besonders gefährlich für das Funktionieren eines Teams eingestuft werden muß?"

Erkenntnis:
Ja, es gibt ihn: Es sind die Hoden, testis im Lateinischen.

In der römischen Antike wurden Schwüre (die übrigens nur von Männern abgelegt wurden, Frauen waren als zu minderwertig eingestuft, um zu schwören) mit dem nach oben gereckten Arm und drei ausgestreckten Fingern, mit der anderen Hand die Finger um eben jene testis gekrallt, abgelegt.

Es mag lange über die für Siege, für Kampfeslust allgemein wichtigen Funktion dieses Stoffes Testosteron diskutiert werden, der übrigens als ein Kunstwort, eine Wortkreation gilt [17]).

Fakt ist, daß nicht einmal eine Frau in der Nähe sein muß, um diesen biologischen Treibstoff für Siege aller Art in uns Männern zu produzieren.

Zweifellos jedoch führt dieser Stoff zu einer gewissen Ruhelosigkeit, provoziert Dynamik ebenso wie Scheindynamik, arbeitet in der Welt der Gefühle wie der Terminator in einer feindlichen Umgebung und läßt sich natürlich auch nicht am Werkstor oder an der Bürotür abschalten.

Wer Tabus bricht, um Möglichkeiten für einen veränderten Umgang der Menschen miteinander in allen Lebensbereichen, also auch der Arbeitswelt, zu schaffen, kommt um einen offenen Umgang mit dieser Tatsache nicht herum – denn die Mehrzahl aggressiver Verhaltensmuster bis hin zum Malträtieren des Gaspedals und hochgereckten Mittelfinger auf der Überholspur finden hier ihre Ursache...

Sexualität, Erotik und der Umgang Adams mit Eva und umgekehrt ist ein generationen- und gesellschaftsübergreifendes Problem, das nicht am Arbeitsplatz gelöst werden kann, aber das auch am Arbeitsplatz besteht und ein ausgesprochen männliches Problem ist (der Prozentsatz von Männern, die sich je über sexuelle Anmache beschwerten, tendiert gegen Null. Zudem würden sich Männer wohl auch kaum beschweren...)

Schlußfolgerung:
Männlichkeit versteht jeder Mann anders, liebt oder haßt jede Frau an einem Mann anders.

Es ist die individuelle Herausforderung an alle Adams, einen individuellen Weg zu finden, um den ganz persönlichen Testosteron--Flammenwerfer so herunterschrauben zu können, daß damit auch mal nur eine romantisch leuchtende Kerze angezündet werden kann, statt stets gleich den dazugehörigen Tisch in Brand zu setzen.

Wenn ein Fraktionschef einer Volkspartei eingesteht, daß er nicht einmal in der Lage ist, seine Zunge – und damit seine Gedan-ken! – zu beherrschen, wenn es um das Thema Sex und Frauen geht [18]) und ein designierter Spitzenkandidat mit siebenundsechzig Jahren sich eine Bemerkung über die Oberweite einer Journalisten nicht verkneifen kann [19]), steht es schlecht um den täglichen Umgang mit unseren Manneskräften.

Es bedarf einer tabulosen, offenen Diskussion darüber, wie in Unternehmen und Institutionen miteinander umgegangen werden muß, um die Würde der Frau zu wahren.

Hugh-Friedrich Lorenz:
Du erkennst also jetzt sicher, Jacqueline: Sexualität spielt für uns Männer keine *größere* Rolle als bei Frauen, aber sie spielt für uns eine *andere* Rolle.

Jacqueline Ackermann:
Ja also, Hugh, verzeih: Wenn ein Mann laut Statistik alle acht Minuten eine Erektion hat, kann ich da als Frau ja nur voll ablachen – vergleichen wir mal eure Erektionen mit dem, was ich mal taktvoll als «feucht werden» bei uns Frauen umschreibe, dann ist das erstens bei uns Frauen nicht vom «Acht-Minuten-Biotakt» abhängig, sondern einzig und allein von erregenden

Situationen.

Ich werde – verzeih meine Offenheit, aber wir wollten ja Tacheles reden – doch nicht beim Anblick jedes muskulösen Oberkellners feucht oder beim Dreitagesbart-Supertypen im IC, der meinen Fahrschein kontrolliert!

Hugh-Friedrich Lorenz:

Mittendrin im Thema, Jacqueline! Schon allein diese Aufzählung ist interessant. Denn sie zeigt ja, daß du sehr wohl weißt, *daß* du in solchen Situationen eigentlich – verzeih! – feucht werden *könntest*, aber daß du bewußt gegensteuerst, oder?

Jacqueline Ackermann:

Gegenfrage: Kannst denn *du* deine *Erektionen* steuern? Hattest du jetzt wirklich alle acht Minuten eine Erektion, seit wir hier sitzen? Laß mich auf die Uhr schauen – also eineinhalb Stunden sind gleich neunzig Minuten, dividiert durch acht. Du hattest also, seit wir hier plaudern, tatsächlich elf Komma fünfundzwanzig Erektionen?

Hugh-Friedrich Lorenz:

Na ja, das mit der Kommastelle, das müßten wir überprüfen, eher gefühlte elf Komma neunundzwanzig. Würde ein «Erektiometer» erfunden werden, könnte das allerdings wissenschaftlich korrekt gemessen werden. Also nur ein paar Kabel um meinen Penis, und ich könnte dir aktuelle Daten liefern.

Ernsthaft: Zugegeben, es gab schon ein paar heiße Situationen in den letzten neunzig Minuten, in denen mein Unterleib über den Oberleib hätte triumphieren können!

Jacqueline Ackermann:

Das meinst du jetzt aber bitte nicht ernst, Herr Hugh-Friedrich Lorenz: Wir kennen uns seit über zehn Jahren, du weißt, daß ich verheiratet bin und zudem hatten wir beide bisher auch nicht einmal ansatzweise erotische Ambitionen! Und da landest du bei elf Komma neunundzwanzig? Ich glaub´ es nicht!

Hugh-Friedrich Lorenz:

Gnädigste, das ist das Abgründige in mir! Ich gehe mal davon aus, daß wir hier mal richtig aufräumen, mit Vorurteilen, mit

Tabus und all dem Kram, oder? Und daß ich mich outen darf, manchmal vielleicht stellvertretend für die gesamte Adamspezies, die das zuhause nicht darf oder kann oder will.

Jacqueline Ackermann:

Eigentlich nur, wenn du danach nicht den Notarzt rufen mußt, der mich reanimiert, weil mein gesamtes Hormonsystem zusammenbrach bei dem, was du jetzt rausläßt..?!

Hugh-Friedrich Lorenz:

Wir machen das so, Schnuckiputzi: Wir rufen bereits jetzt einen Sanitäter, dann kann Herr Lorenz munter drauflos plappern und du bist blitzartig notversorgt, sobald du etwas aus den Tiefen meiner erotischen Seele erfährst, was dich aus den Pantinen haut.

Jacqueline Ackermann:

Wenn du mich «Schnuckiputzi» nennst, weiß ich aus jahrelanger Erfahrung, daß du wieder mal was rauslassen wirst, was für Normalsterbliche schwere Kost ist, oder?

Hugh-Friedrich Lorenz:

Du bist die einzige Frau, die sich Schnuckiputzi gefallen läßt, ohne mir dafür den Kopf umzudrehen, deshalb reize ich das aus. Aber Spaß beiseite: Wenn es *ein* Thema gibt, bei dem du in Gesprächen auf Widerstand stößt bis zur aggressiven Abwehr, dann ist es das Thema Sexualität, die eigene meine ich, die ganz persönliche.

Jacqueline Ackermann:

Einspruch, euer Ehren Schnuckiputzi! Kann ich ganz und gar nicht bestätigen. Wenn du mal Mäuschen spielen könntest bei dem, was wir unsere «Weiberrunde» nennen, wenn du da mal nur fünf Minuten zuhören könntest, würdest selbst du als angeblich so sexerfahrener Mann deine Ohren und deinen Mund vor Staunen aufreißen!

Wir Frauen gehen locker mit diesem Thema um, wir tauschen uns aus, da gibt es keine Tabus. Wie halten das die Herren der Schöpfung?

Hugh-Friedrich Lorenz:

Ja, das habe ich gelernt aus Gesprächen mit Frauen, aus sehr offenen Gesprächen zu diesem Thema, daß Frauen viel lockerer, unverkrampfter untereinander über ihr Liebesleben und über Sexualität im allgemeinen sprechen, zumindest Frauen der jüngeren Generation, bei Damen so ab Fünfzig ist das schon wieder anders.

Bei uns Männern, Jacqueline, ist das ganz anders, der Umgang mit unserem Liebesleben. Und ich glaube auch erklären zu können, warum dem so ist.

Denk mal bitte zurück an das, was wir heute über Wahrhaftigkeit sprachen und was über das Dauerpubertieren: Selbst bei einem so zentralen und im Grunde doch überaus positiven, menschenfreundlichen Thema wie dem Wunder der Sexualität kann Adam in aller Regel sein *Ego* nicht ausblenden, ihr Frauen aber schon.

Ich habe gelernt, daß Frauen den Liebesakt – furchtbares Wort, wegen dem *Akt*, meine ich!- spielerisch erleben, als etwas Natürliches, mit dem sie locker umgehen, etwas, das sie genießen können – Adam aber sieht es meist als einen Feldzug, als ein – verzeih, aber wir wollen ja offen reden – *„der besorge ich es jetzt, damit klar ist, was für ein toller Kerl ich bin!"*

Eva und Adam gehen in der Regel mit einem großen Mißverständnis übereinander in das, was doch eigentlich das Großartigste ist, was uns geschenkt wurde im zwischenmenschlichen Bereich, nämlich die sinnlich-erotisch-sexuelle Vereinigung.

Dr. Stephen Chang hat das im Untertitel seines wunderbaren, leider auch nur mehr antiquarisch erhältlichem Buch „Das Tao der Sexualität" [20]) auf den Punkt gebracht: «*Von der tieferen Weisheit des Liebens*».

Dieses Wissen um das absolute *Mehr an Menschsein*, das sich hinter jedem Liebesakt verbirgt, sollte jeder jungen Frau, jedem jungen Mann mit auf den Weg gegeben werden..

Mir fiel die Kinnlade herunter, als ich dort zum Beispiel las, daß sich sowohl am Penis als auch in der Vagina dieselben Akupunkturpunkte finden wie an den Fußsohlen – was bedeutet, daß die Alten im Orient sehr wohl wußten, daß eine zärtliche Stimulation dieser beiden Bereiche eigentlich so etwas ist wie eine Gesundheitsbehandlung der Partnerin, des Partners!

Die sogenannten Stellungen im Kamasutra dienen eben nicht

nur dem Lustgewinn, sondern beinhalten eine uralte Weisheit darüber, wie Frau und Mann einander gut sein können, einander fördern, kurzum: einander wirklich *lieben* können, wenn es denn bewußt, reflektiert geschieht.

Denn es sollte und könnte ja eine *Vereinigung* sein, statt einem *„...die leg' ich jetzt mal flach - Treffer, versenkt!"* Oder *„ich lade sie ein, mit mir eine Bretzel zu essen"*, wie das im Allgäu zum Beispiel so üblich ist als Umschreibung für das und nichts anderes. Denn *„während dem Bretzel essen lange ich ihr mal rasch unter den Rock"* – so ticken wir Männer, Jacqueline!

Da liegt schon mal eines der großen Mißverständnisse, die verhindern, daß selbst Paare, die sich als Menschen, als Persönlichkeiten eigentlich wirklich lieben, ein oftmals geradezu erbärmliches Intimleben führen.

Jacqueline Ackermann:

Erbärmlich? Wenn sie sich lieben?

Hugh-Friedrich Lorenz:

Ja, Jacqueline, klingt zunächst skurril. Es fällt Adam in aller Regel sehr, sehr schwer, sich aus den Mustern «Kampf», «siegen müssen», «perfekt sein», »mein Gesicht nicht verlieren» zu lösen. Ich wage es jetzt mal, wirklich an die Schamgrenze zu gehen und mich zudem noch weiter zu «outen»...

Jacqueline Ackermann:

...das Vanilleeis schmeckt köstlich! Und mehr outen, als du das bisher schon gemacht hast, kannst du dich nicht – also raus mit der Sprache: Welches Tabu willst du denn jetzt schon wieder brechen?

Hugh-Friedrich Lorenz:

Wir sollten mal die drei Worte abarbeiten, die ich für mein gleichnamiges Buch als Titel wählte: Liebe, Lust und Lüge.

Jacqueline Ackermann:

Das scheint für dich ja geradezu ein Mantra zu sein, ein unzertrennliches Trio? Also ich für mein Teil muß sagen, ich kann auch lieben und Lust empfinden, ohne zu lügen – Männer generell nicht?

Hugh-Friedrich Lorenz:

Jacqueline, jetzt wird es tiefenpsychologisch und kulturhistorisch, das kann ich dir nicht ersparen, von Foucault über Plack, Bornemann, Dieter Duhm, Georges Bataille bis zu Wilhelm Reich, dessen wichtigstes Buch bezeichnenderweise den Titel trägt «Die Funktion des Orgasmus» – du siehst ja hier, welchen Bücherstapel wir noch abzuarbeiten haben.

Hinzu kommen dann noch Bekenntnisse aus meiner eigenen durchaus ergiebigen Liebes- und Erotikbiographie, die dazu führen werden, daß du deinen Stuhl einen Sicherheitsabstandsmeter weiter weg rückst von mir, weil du bis heute nicht geahnt hast, was für ein Erotikwolf im Intellektuellenschafspelz dir gegenübersitzt.

Und als gäbe das nicht schon ein leckeres Mahl, würzen wir das noch mit einigem, was eine Frau (außer einer Putzfrau) nie zu sehen bekommt, nämlich dem, was Männer in öffentlichen Pissoirs so an die Wände kritzeln, mit Filzschreiber, versteht sich, und dem, was sich täglich so auf www.youporn.com abspielt.

Aber wenn wir unseren Umgang mit unserer Sexualität ändern könnten, wir Männer, hätten wir das wunderbarste Gratisgeschenk des Universums zur Verfügung, um *uns* zu *befriedigen* und den Planeten zu *befrieden* – beide Begriffe sind ja nicht zufällig verwandt.

Jacqueline Ackermann:

Du siehst also einen Zusammenhang zwischen Sexualität, Erotik und generell den gesellschaftlichen Problemen unserer Zeit?

Hugh-Friedrich Lorenz:

Aber mit Sicherheit, und zwar nicht nur den sozialen Problemen, die durch Lügen im Intimbereich entstehen, sondern vor allem auch den gesundheitlichen Problemen: Psychosen, Depressionen, Krebserkrankungen! Gerade zu Krebserkrankungen hat ja Wilhelm Reichs Arbeit viel Aufklärung geleistet.

Es ist auch bezeichnend, daß gerade Brustkrebs bei Frauen die häufigste Krebsart ist – kein anderes Organ steht jedoch so für Weiblichkeit wie die «Mama», die weibliche Brust. Und Verletzungen der Weiblichkeit, der weiblichen Psyche fördern zweifelsohne die Autoimmunkrankheiten.

Ich gebe dir hier mal dieses wichtige Buch zu diesem Thema mit, nimm es mit, lies es in Ruhe: Wilhelm Reich, Die Funktion des Orgasmus. [21])

Aber auch der in den letzten Jahren zu Recht viel gelesene Joachim Bauer aus Freiburg weist auf den Zusammenhang hin zwischen einer Schwächung des Immunsystems, das zu Brustkrebs führen kann, und Streßfaktoren und Depressionen, allerdings ohne diese expressis verbis auf Probleme mit dem Liebesleben oder den Männern zurückzuführen. Er spricht wohlweislich nur von «Beziehungen und Lebensstilen». [22])

Also sehe nicht nur ich das so, diese dominante Bedeutung der Sexualität in unserem Alltag, in unserer Gesellschaft, sondern jede Menge kluger Köpfe vor mir respektive außer mir – warum denkst du, ist der Stapel an Büchern hier so hoch?

Ich greife mal zum Beispiel hier nochmals nach Dieter Duhm, hatten wir ja schon, einem der hellsichtigsten Köpfe der letzten Jahrzehnte, für mich das, was früher ein «Universalgebildeter» genannt wurde.

Ich lese dir mal die erste Passage aus dem Kapitel «Sexualität und Transformation» vor, aus seinem wichtigen Buch «Synthese der Wissenschaft – der werdende Mensch»:

„Ehe wir über Sinn und Bedeutung der Sexualität im menschlichen Leben philosophieren, müssen wir uns einigermaßen klar werden über ihre quantitative Bedeutung, d.h. über das in einer Menschenpopulation vorhandene tatsächliche Ausmaß sexueller Bedürfnisse und über die Macht des Sexualtriebs im Leben des einzelnen, in der Gesellschaft und in der Geschichte.

Es ist nicht leicht, darüber Klarheit zu gewinnen, denn die Sexualität existiert beim einzelnen wie in der Gesellschaft wie in der Geschichte in zwei Stockwerken: als «saubere» Sexualität in ehelichen oder sonstigen normkonformen Einrichtungen und Beziehungen und als «schmutzige» im Underground: in Onaniephantasien, Pornographie, Zeitungsannoncen, heimlichen Perversionen und offenem Sadismus. [23])

Jacqueline Ackermann:
Und du vertrittst die Auffassung, daß all dies sich tagtäglich, vierundzwanzig Stunden lang, bei euch Männern sozusagen als Druck auswirkt, der Gefühle, Entscheidungen und so weiter steuert?

Hugh-Friedrich Lorenz:
Behaupte ich, weil ich es ja bei mir selbst so kenne. Boris Becker und die Besenkammer sind ja so ein Beispiel dafür, daß letztlich Glied steuert, was Hirn eigentlich niemals zulassen würde.

Aber bitte, Jacqueline, das ist wieder so ein Aspekt, den du und deine «Weiberrunde» mal mit euren Männern besprechen solltet. Ich behaupte, daß es euren Männern helfen würde, wenn sie endlich mal zugeben könnten, welche Last Adam tagtäglich mit sich herumträgt, wenn vom Plakat eine Dame herunterlächelt, der du nicht nur in den Ausschnitt, sondern über die schwarzen halterlosen Strümpfe schon fast an die Schamgrenze blicken kannst ... wenn neben dir im Bus eine wohlduftende Kurzberockte sitzt, die dir auch noch zulächelt – wir Männer hierzulande wandern nicht nur durch Germanien, wir wandern auch täglich durch Testosteronien!

Jacqueline Ackermann:
Oh je, Herr Lorenz, wie mich ihre theatralischen Formulierungen belustigen...

Hugh-Friedrich Lorenz:
Jacqueline, mache dich nur lustig über mich, das verstehe ich, weil meine Offenheit dich wohl verblüfft. Aber denke bitte darüber nach, sprich mit den Männern in deinem Umfeld darüber. Sind es intelligente, kluge Köpfe, dann werden sie das zugeben und es wird bei vielen Partnerschaften ein neues Licht auf beide Partner werfen.

Ich erzähle dir mal ein Beispiel, daß mir bisher kaum jemand glaubte, weil es eben so unglaublich, ja, geradezu erfunden klingt: Eine Dame in meinem Bekanntenkreis war mit einem absolut testosterongesteuerten Mann verheiratet, um Jahre jünger als sie.

Er eröffnete ihr eines Tages, daß er ins Freudenhaus muß, so oder so, weil sie, seine angetraute Ehefrau, ihm sexuell nicht mehr genüge. Was machte sie, um ihn als Ehemann nicht zu verlieren? Sie zahlte ihm seine – sorry! – Puffbesuche, stell dir das vor!

Als Partnerin hatte sie also verstanden, unter welchem Druck ihr Mann stand, der sich halt nun mal ... entleeren mußte, als Sieger, zwischen den Schenkeln einer käuflichen Frau. Als Frau allerdings hat sie das bis heute nicht verstanden, weil sie eben grundsätzlich Adam nicht verstehen kann in seiner verzweifelten Suche nach der Balance zwischen Testosteron und Treue, zwischen Erektion und Liebe, zwischen seinem wackeligen Ego und der Tatsache, daß er zum Beispiel an der Seite einer Frau lebt, die ihm emotional und charakterlich haushoch überlegen ist.

Jacqueline Ackermann:
Aber *du* verstehst Adam? Herr Hugh-Friedrich Lorenz ist also nicht nur der ultimative *Frauenversteher*, sondern auch der ultimative *Adamversteher*, wenn ich mal dieses Wort erfinden darf? Verstehst du wirklich alle die Kerle in deinem Umfeld, Hand auf´s Herz? Bist du dir sicher, daß du nachvollziehen kannst, was in ihm und ihm und ihm um dich herum so vorgeht?

Hugh-Friedrich Lorenz:
Ja, das wage ich zu behaupten. Ich verstehe *mich* immer mehr und über meine wirklich zahlreichen Kontakte mit anderen Männern bin ich mir gewiß, ein zuverlässiges Szenario von Mann 2013 hier in Badenweiler und in den angrenzenden Regionen bis hin nach Sachsen entwerfen zu können.

Jacqueline Ackermann:
Nach Sachsen? Was hat denn Sachsen damit zu tun?

Hugh-Friedrich Lorenz:
War so ein Versuch, witzig zu sein. Weil ich den sächsischen Dialekt eigentlich liebe, wirklich, aber ich kann ihn nicht nachmachen, nicht imitieren. Deshalb spreche ich immer von den Sachsen, wenn ich zugeben muß, an meine Grenzen zu gelangen.

Jacqueline Ackermann:
Also ich verstehe immer noch Bahnhof: Verstehst du jetzt

51

sächsische Männer oder nicht?

Hugh-Friedrich Lorenz:

Jein... Schnuckiputzi! Aber weil ich mich mit den *Menschen* beschäftige, nicht stets differenziert in badische oder nordrheinwestfälische Frau oder sächsischen Mann unterteilt, sehe ich manches klarer, als würde ich nur in Eva und Adam unterteilen. Ich empfinde alle Damen und Herren um mich herum zunächst mal als Menschen.

Jacqueline Ackermann:

Na ja. Und das war es jetzt zum Thema Sex? Du hast doch hier noch einiges auf dem Bücherstapel ... laß mal sehen ... Foucault, Georges Bataille ...?

Hugh-Friedrich Lorenz:

Erstens kommt es anderes, als man zweitens denkt, Jacqueline. Mein Bauch sagt mir jetzt, daß ein anderes Thema uns den Möglichkeiten näherbringt, Rezepte für Adam 2013 zu erarbeiten, als weiter auf dem Thema Sexualität rumzureiten.

Jacqueline Ackermann:

Schade! Bekommst du plötzlich kalte Füße? Also mein Bauch sagt mir, daß da noch Stunden an Gespräch drin lägen. Und außerdem bin ich als Frau natürlich neugierig, endlich mal einen Mann sozusagen aus dem Unterleibnähkästchen plaudern zu hören. Und da brichst du ab? Welches Thema könnte denn spannender sein als Sex?

Hugh-Friedrich Lorenz:

Mindestens so spannend ist Diktator Nummer zwei, Jacqueline. Denn der beherrscht dich jeden Tag, dich, mich, uns alle, er ist gnadenlos und im Grunde nicht zu stürzen.

Macht und Manipulation

Jacqueline Ackermann:

Was meinst du mit Diktator Nummer zwei?

Hugh-Friedrich Lorenz:

Wenn wir den männlichen Sexualtrieb mal als Diktator Nummer eins dafür sehen, daß ein Mann tun muß, was ein Mann tun muß – und als solchen Diktator haben wir ihn ja nun wirklich sattsam herausgearbeitet –, dann muß schon klar erkannt werden, daß er einen Zwillingsbruder hat: Unser männliches Dominanzverhalten, das man auch Machttrieb nennen kann.

Jeder beknackte Motorradfahrer um die Ecke zeigt dir seine Macht, indem er immer wieder Gas gibt, obwohl sein Zweirad an der Ampel steht: „Ich habe Macht über alles! Hört mich, seht mich, klopft mir auf die Schultern, weil ich so ein toller, mächtiger Mann ich bin!"

Es könnte sogar ein Drilling dazu gestellt werden, nämlich die Sucht, andere zu manipulieren.

Jacqueline Ackermann:

Na ja, also dieses Verhalten nur einseitig Männern zuzuschreiben, halte ich für übertrieben, Hugh. Ich kenne genügend Ladies, die in ihrem Umfeld keinerlei Probleme damit haben, andere herum zu kommandieren, zu manipulieren, sei es ihre Familie, ihren Mann oder als Vorgesetzte ihr Team.

Hugh-Friedrich Lorenz:

Laß mich mal auf die Wortwurzel von «manipulieren» hinweisen. Auch der Begriff der Emanzipation entspringt dieser Wurzel: «Ex manu», aus der Hand! Und manipulieren kommt auch von dem, was wir Menschen mit der Hand tun – wir versuchen, unsere Umwelt und unsere Mitmenschen so zu drehen, zu wenden, wie wir sie uns wünschen.

Wir sprechen ja nach wie vor vom gnädigen Herrn Adam und dem, was ihn dazu führt, sich so zu verhalten, wie er es seit Jahrtausenden tut – zu Eva komme ich ja mit meinem nächsten Buch «Reformhaus Eva».

Und da knacke ich jetzt wieder mal ein Tabu, wenn ich mir den Hinweis erlaube, daß Macht ausüben, Menschen manipulieren, bei uns Männern vor allem eine Wurzel hat: Wir Männer haben Angst!

Jacqueline Ackermann:

Na, darauf einen Dujardin! Angst? Ihr Männer? Na ja, zugegeben, der meinige hat schon mal Angst mir zu gestehen, daß er eine Prüfung nicht bestanden oder ein Knöllchen kassiert hat. Oder daß er nicht befördert wurde, okay. Aber das ist doch nichts Elementares, oder?

Hugh-Friedrich Lorenz:

Einer meiner Freunde ist Psychoanalytiker. In Basel, vor meiner Haustüre, wo ich sechsundzwanzig Jahre lang lebte. Der Stadt mit der statistisch weltweit größten Dichte an Psychologen, dichter als New York, das ist belegt, stell dir das mal vor, in der ach so respektierten Schweiz.

Und er erzählt mir immer wieder aus seiner täglichen Arbeit. Klar, ohne Namen, aber mit Kontext: Da kommen zwei Herren zu ihm, die in Basel, der Chemiestadt, wahre Größen sind, aber sich zu ihm auf die Couch legen und – nun halt dich fest – einfach mal losheulen!

Seine Schlußfolgerung aus seiner täglichen Praxis: Adam ist schlichtweg überfordert mit seinem Alltag. Erinnere dich an den Beginn unseres Gesprächs zum Themenkomplex Vernunft und Dauerpubertät: Wir Männer haben uns Systeme erschaffen, in der Wirtschaft, in der Politik, die wir schlichtweg nicht mehr meistern können, die uns überfordern.

Wir sind wie der Zauberlehrling, der den Besen lossandte, aber die Formel vergaß, um ihn zu beherrschen, zu bremsen [24]. Die beiden erwähnten Herren sind zudem in einem Alter, in dem auch ihre Familien allmählich zu zerbrechen drohen – denn Adam bringt, wenn er sich erst mächtig fühlt, kein Bein mehr auf den rationalen Boden seines Umfelds, wenn in seinem Hinterkopf ein paar Millionen lauern, die er morgen verschieben darf—Allmachtsfantasien, so sieht das ein Psychologe, der mit mächtigen Männern arbeitet.

Jacqueline Ackermann:

Aber es sind ja nun nicht alle Männer mächtig, nach deiner Definition. Es gibt ja eher mehr Männer, die sich sehr ohnmächtig fühlen, ihrerseits von anderen Männern ausgenutzt, benutzt?

Hugh-Friedrich Lorenz:

Mein Freund hat ja auch andere Patienten. Und er berichtet glaubwürdig, wie wir Männer generell uns in Macht flüchten. Wie wir unsere für Außenstehende oft unglaublichen Möglichkeiten, andere zu demütigen, zu manipulieren, wie ein Ventil nutzen, um Überdruck abzulassen. Überdruck, der im Grunde offensichtlich darin besteht, daß wir Angst davor haben, zu scheitern, unser Gesicht zu verlieren, etwas nicht zu erreichen, was wir kurioserweise uns nicht selten selbst als Ziel gesetzt haben, ohne Not.

Abgesehen davon, Jacqueline, wir müssen gar nicht solche aktuellen Beispiele bemühen, die Weltgeschichte ist doch voll von Szenen, die belegen, wie wir Männer uns aufblähen, aufplustern, um unsere manchmal wirklich offensichtliche Erbärmlichkeit zu überspielen – denk doch mal an die Nazizeit, als ein Herr Klitzeklein durch die Armbinde «Blockwart» zum Mietshausnapoleon mit Terrorfunktion mutierte.

All die Kriege der uns bekannten Weltgeschichte, die Hunderttausende dahinfetzten, wären doch nicht möglich gewesen, wenn nicht an den Ehrgeiz des kleinsten der Kleinen appelliert worden wäre, wenn nicht der *Korporal* sich als *General* gefühlt hätte, wenn er einen Befehl ausführen durfte, der ein paar hundert Menschen das Leben kostete, ihm aber einen Streifen mehr an der Uniform einbrachte!?

Jacqueline Ackermann:

Nu´ mal langsam mit den jungen Pferden, was hat denn das mit Angst zu tun? Die Motivation war bei deinen Beispielen ja wohl eher Ehrgeiz oder schlicht Gehorsam?

Hugh-Friedrich Lorenz:

Es war und ist schlichtweg Angst, Jacqueline, Adams Ängstepotential gibt einiges her, glaub´ mir das.

Klar, wenn es um militärischen Gehorsam geht, dann ist das Angst vor Befehlsverweigerung und ihren Konsequenzen.

Aber der Herr «Blockwart» konnte endlich mal bei Frau Meier, der seriös verheirateten, aber leckeren Nachbarin im Bett landen, weil er sie damit erpreßte, ihren Mann auffliegen zu lassen, der auf dem Schwarzmarkt eine Salami eingehandelt hatte, was Herr Blockwart zufällig mitbekommen hat – nicht erfunden, Jacqueline, das stammt aus den Erzählungen meiner Mutter über die damalige Zeit.

Herr «Blockwart» hatte zwar Angst, das alles auffliegen würde, klar. Aber er hat sie kompensiert durch sein Erpressungspotential. So geschehen in meiner Heimatstadt Nürnberg, 1944.

Aber bitte, nochmals, das ist meine These, meine Theorie, die ich zur Diskussion stelle. Nur: meine vertraulichen Gespräche mit meinen Geschlechtsgenossen bestätigen mir täglich, daß dem so ist:

Wir Männer sind und bleiben in aller Regel große Jungs, die sich vor nichts so sehr fürchten wie vor sich selbst. Es gab offensichtlich in der Geschichte auch schon andere Zeiten, da waren Frauen mächtig, nicht Männer. Und es ist dort wesentlich friedlicher zugegangen als dies jetzt, in Zeiten des Patriarchats, der Fall ist.

Jacqueline Ackermann:

Du sprichst von den Zeiten, in denen angeblich Frauen oben standen auf der sozialen Leiter und ganze Sippen anführten?

Hugh-Friedrich Lorenz:

Jacqueline, das sind keine *angeblichen* Zeiten. Es ist der Geschichtsschreibung in den letzten zweihundert Jahren nahezu perfekt gelungen, diesen Eindruck zu erwecken, als hätte es niemals Matriate gegeben...

Jacqueline Ackermann:

Was bitte ist das nun wieder? Matriarchat kenne ich, aber Matriat?

Hugh-Friedrich Lorenz:

Wir sollten grundsätzlich nicht von einem *Matriarchat* sprechen, weil dieser Begriff die griechische Wortwurzel «archos» in sich trägt, was herrschen bedeutet. Aber Frauen, die ihre Sippen führten, haben sie nicht *beherrscht*, sondern geleitet, friedlich organisiert, das ist ein gewaltiger, nachgewiesener Unterschied.

Bornemann hat schlüssig auf die Tatsache hingewiesen, daß es „eine Gynaikokratie, eine «Herrschaft der Frau», ebensowenig gibt wie ein Matriarchat, eine «Herrschaft der Mutter», denn das Prinzip des Herrschens ist eine männliche Erfindung, entstammt dem Vaterrecht und widerspricht den Organisationsformen der «mutterrechtlichen» Stammesgesellschaften. Dort regiert man sich selber. Es gibt nur Sprecher der Sippen und Stämme (...). Es gibt keine Exekutivgewalt, und deshalb auch keine Herrschaft".

Es ist der klassischen Geschichtswissenschaft nahezu perfekt gelungen, die dominierende Rolle des Weiblichen in der Geschichte *stillzuschreiben*, wie ich das mal nennen will.

Und im übrigen verdrängen selbst die meisten anderen Wissenschaften die Tatsache, daß das männliche Element in aller Regel einer Gemeinschaft mehr schadet als nutzt. Ich habe hier die hervorragende Arbeit dreier schweizerischer Wissenschaftler mit dem eindeutigen Titel *«Fürchte deinen Nächsten wie dich selbst»*, zum Beispiel, das leihe ich dir auch mal aus, es ist nach Malinowskis Sozialstudien zu mutterrechtlichen Gesellschaften eine der ersten wirklich grandiosen Studien zu Männlichem und Weiblichen in Afrika. [25]

Jacqueline Ackermann:

Na jetzt reiße ich aber meine Hühneraugen auf – Männer als Schädlinge? Jetzt schießt du aber über´s Ziel hinaus, mein Freund. Du scheinst ja wirklich besessen zu sein von der Idee, Adam kleinzureden.

Jacqueline Ackermann:

Nimm eine Valium und entspann dich, bevor dich noch der Schlag trifft, baby, es kommt jetzt wirklich dicke für dich. Ich lese dir mal vor, was Ernest Bornemann so zusammengetragen hat zu diesem Thema:

„*Wenn die moderne Verhaltensforschung uns aber irgend et-*

was Eindeutiges mitgeteilt hat, dann die Erkenntnis, daß das männliche Wesen nirgends in der gesamten höheren Tierwelt sozial interessiert ist. Die Lebenslinie des Männchens endet im Begattungsakt, und so ist es oft bereits tot, wenn sein Same im Weibchen keimt. Aber auch dort, wo seine Lebenslinie weiterläuft, so bei den höheren Wirbeltieren, fungiert das Männchen bestenfalls als Schützer, nirgends aber als Urheber oder Träger der Herde.

Er ist der saisonale und auswechselbare Begleiter der Mutterherde, der eines Tages dem jüngeren und kräftigeren Nebenbuhler weichen muß und oft seine Tage als Einzelgänger beschließt.

In den Hautflüglerstaaten, den sozial höchstentwickelten Tierverbänden, läuft die männliche Linie bis zum Paarungsakt. Denn exzessive Geilheit und Freßgier des Männchens verlangen von der Gemeinschaft, daß es nur bis zur Paarung geduldet und danach so bald wie möglich getötet wird.

Bienen- und Ameisengemeinschaften sind Matriate. Überall in der Tierwelt hat sich die Erkenntnis durchgesetzt, daß die Gemeinschaft nur überleben kann, wenn sie mutterrechtlich organisiert ist und den Anteil des Männchens an der Gemeinschaft auf ein Minimum begrenzt.

Nirgends verbinden sich Männchen zu anderen als zu Raubzwecken, nirgends gibt es eine Soziabilität der männlichen Geschlechtstiere außer etwa in der gemeinsamen musikalischen Werbeaktion der Zikaden und Frösche. Stets erscheint der Rammler, der Rüde, der Hengst, der Bulle im Alleingang und verscheucht seine Rivalen. Bei allen Werbehandlungen um das Weibchen bekämpfen die höheren Säugetiere einander. Die ganze Geschichte der Menschheit erzählt von männlicher Aggression: ja, die menschliche Geschichte kann überhaupt nur als Geschichte der Aggression verstanden werden." [26]

Jacqueline Ackermann:

Schluck, schluck, du hast recht, da brauche ich eine Valium. War denn dieser Bornemann Zoologe oder Naturwissenschaftler oder so was?

Hugh-Friedrich Lorenz:

Ernest Bornemann war ein Universalgebildeter, 1995 gestorben, also kein Vorgestriger. Anthropologe ebenso wie Historiker, Ethnologe, Psychoanalytiker und und und.

Es ist ja bezeichnend, daß gerade dieses Standardwerk, aus dem ich dir vorlas und vielleicht noch mehr vorlesen werde – ja, bleibt dir vielleicht nicht erspart – nicht mehr neu aufgelegt wurde, bis heute. Ich habe mir zwei Exemplare antiquarisch gesichert, eines davon liegt hier.

Interessant übrigens für mich zu lesen, wer der Herausgeber dieser Arbeit ist, in der ich seit über zwei Jahrzehnten herumstreiche, unterstreiche, hervorhebe. Denn über den Kommunismus geschimpft haben alle hier im Westen, aber zu sehen, wie offen das System doch zugleich war, daß es sogar ein «Institut für Feminismus» in der damaligen Sowjetunion gab, ist schon beeindruckend.

Jacqueline Ackermann:

Okay, Ameisen, Bienen, Frösche hin oder her – wir sprechen doch von Menschen? Und die Bibel sagt doch, daß Eva aus Adams Rippe geschaffen wurde, also scheint Adam schon der Prototyp gewesen zu sein und demnach nicht gerade ein Versager?

Jacqueline Ackermann:

Betrug Nummer eins in dem, was die Bibel genannt wird! Ich nenne es Betrug, Bornemann nennt es nicht Betrug, sondern «Geschichtsklitterung» - ich darf dir vorlesen?

„Die Natur läßt also keinen Zweifel zu – am Anfang war die Frau. In evolutionärer Reihenfolge taucht der Mann zum erstenmal als Sohn auf. Die erste heterosexuelle Begattung ist der Inzest der Mutter mit dem Sohn. In diesem Sinne stellt die Bibel eine der ersten bewußten Geschichtsklitterungen dar: sie unterschlägt die Urmutter, die Erstgeschaffene, und ersetzt sie durch die Legende vom erstgeschaffenen Mann. In der babylonischen Kosmogonie, die von den Juden übernommen und mit geringen Änderungen im ersten Buch Mose perpetuiert wurde, sind es eben diese Änderungen, die unsere Aufmerksamkeit erregen. Denn sie spiegeln den Kampf einer

männlichen Priesterkaste gegen das bis dahin herrschende Priesterprivileg der Frau wider und zeigen hier die Nutzung des geschriebenen Wortes für den ganz spezifischen Zweck: Den Aufbau der Legende vom Primat und der sozialen Überlegenheit des Mannes." [27])

Jacqueline Ackermann:
Du lehnst dich ganz schön aus dem Fenster, junger Mann! Jetzt bezweifelst du schon wieder mal, daß das, was in der Bibel steht, stimmt? Also könnte es sein, daß *du* aus *meiner* Rippe stammst, statt umgekehrt?

Hugh-Friedrich Lorenz:
Ja, Mami! Und, Jacqueline, wer gebiert denn – Männer? Erscheint das logisch? Mangels Vagina greift der Ewige zu einem Trick, entnimmt DNS aus des gottgleichen Adams Rippe – wird dir da nicht auch übel, bei diesem cleveren Schwenk?

Denn Adam wurde ja nicht geklont, nein, was herauskam ist das, was ich für das größte Kunstwerk auf diesem Planeten halte, die Frau – und die soll Adam ähneln? Zeig mir bitte mal die Haare auf deiner Brust... oh je...

Und ist Gaya nicht die Urmutter? Oder hast du schon was von einem Urvater gelesen außer in den jüdischen Märchen vom bärtigen Jahwe?

Jacqueline Ackermann:
Also du bringst mein Weltbild jetzt ganz schön durcheinander. Ich glaube, da brauche ich jetzt doch noch einen...

Hugh-Friedrich Lorenz:
...wenn du jetzt Eisbecher sagst, hole ich ein Maßband und lege es dir um den Bauch, die damit verbundene sexuelle Belästigung nimmst du in Kauf! Frauen können offensichtlich nur durch ein Metermaß überzeugt werden, weniger zu fressen...

Jacqueline Ackermann:
...also, wie primitiv du dich ausdrückst!!! Okay, dann bestelle uns doch mal zwei Gläser Prosecco. Wir reden hier seit zweieinhalb Stunden und die fortgeschrittene Tageszeit erlaubt ein kleines Promillchen, oder?

Hugh-Friedrich Lorenz:
Aber immer, Rippenopferungsmami. Nachdem du ja die Vali-

um verschmäht hast, geht das. Fällt dir übrigens auf, daß es eigentlich *du* bist, die hier die Fäden des Gesprächs in der Hand hält? *Du* löcherst mich mit Fragen und treibst mich vor dir her, manipulierend!

Jacqueline Ackermann:

Jetzt fordere ich also von dir einfach, daß du, anstatt ständig an Adam rumzumotzen, mal beschreibst, wie es denn jetzt weitergehen könnte in der nach deiner Einschätzung offensichtlich adamverseuchten Welt? Leg los, Junge, nimm den Rezeptblock und schreib´ auf!

Reformhaus Adam - „Heute im Angebot:"

Hugh-Friedrich Lorenz:
Heute im Angebot ist homo erectus erectus in seiner Variante als homo sapiens sapiens! Hängt an ihm da unten was runter, was gelegentlich versteift, nennen wir ihn Mann, hängt da unten nichts, aber weiter oben hängt Geschmeidiges im Doppelpack, nennen wir diesen homo erectus erectus sapiens sapiens Frau. Soweit einverstanden?

Jacqueline Ackermann:
Wäre mal ein Ansatz, auch wenn er nach Kabarett klingt. Ab jetzt bist, wiegesagt, du gefordert. Aber du erlaubst mir noch Zwischenfragen?

Hugh-Friedrich Lorenz:
Der Adam, den ich heute in meinem Reformhaus im Angebot führe, ist einfach *Mensch*, Jacqueline. Siehst du, wir versteifen uns jetzt seit mehr als zwei Stunden auf die Unterscheidung zwischen Frau und Mann. Aber ich, Adam, unterscheide mich von meinem *Mit*adam doch schon so gravierend, und nicht nur vom Afrikaner, obwohl ich durch meinen Vater ja schwarzes Blut in den Adern habe und dadurch reichlich Empathie zeige in meine Halbbrüder.

Ich stelle jedoch täglich vermehrt fest, wie sehr ich mich von den meisten Männern hier in meinem Umfeld unterscheide und sie sich von mir. Im Klartext: Einen Standard-Adam erblicke ich nirgendwo.

Aber - ist das nicht ganz normal? Aus der Vielfalt der unterschiedlichsten Wesensarten entsteht ja erst eine komplexe, soziale Gemeinschaft - sofern eben Adam sich nicht herrschend oder gar gewalttätig aufführt.

Was aber nun mal leider weltweit der Fall ist: Warum gibt es cirka zwanzigmal mehr Männergefängnisse als Frauengefängnisse in Europa?

Wieso gieren wir nach Krimis, je brutaler, um so spannender? Und warum sind dabei auch wieder zehnmal öfter wir Männer als Frauen die Mörder?

Warum bitte nehmen wir alle, zeitlebens, Gewalt als Teil unseres Alltags einfach hin, so wie wir sagen, na ja, mal regnet es, mal scheint die Sonne?

Jacqueline, ich *will* dieses Szenario nicht mehr hinnehmen, das ich seit vierundsechzig Jahren erlebe! Und ich behaupte, es kann sich etwas ändern, eigentlich nur mit einem Fingerschnippen, von heute auf morgen.

Jacqueline Ackermann:

Du kennst also nur gewalttätige Typen?

Hugh-Friedrich Lorenz:

Oh nein, keineswegs, ich habe wunderbare männliche Freunde in meinem Umfeld, tolle Kerle, drei davon übrigens Musiker, was ich gleich noch ausführlicher behandeln will, denn wir Musiker sind einfach anders. Mein Freund Shaffan, aus dem Irak stammend und ein wirklich begnadeter Künstler, unterscheidet sich jedoch zum Beispiel trotz seinem eindeutigen Mannsein in einigen wesentlichen Zügen so sehr von mir wie eine Frau sich von mir unterscheidet.

Jacqueline Ackermann:

Na, das mußt du mir jetzt aber erklären! Hängt da was oben rum bei ihm?

Hugh-Friedrich Lorenz:

Ha, ha ha, wie bist du plötzlich sarkastisch! Nein, er denkt, fühlt und handelt in wesentlichen Bereichen einfach grundlegend anders als ich, kulturell bedingt, das ist die Erklärung!

Aber würde ich ihn deshalb unterdrücken, belächeln? Mich ihm überlegen fühlen, nur weil ich Deutscher mit Paß bin und er geduldeter Asylant? Was ja keine Krankheit ist, Asylant, kein Verschulden, ich bitte dich – nach meinem Weltbild gehört ohnehin niemandem hier unten auch nur ein Quadratmeter als Eigentum, alles nur geliehen, jedes Fleckchen.

Deutschland Deutschland über alles oder was? Ich bitte einen Menschen zu mir an den Tisch, dem ich momentan etwas voraus habe, also in diesem Falle meine Staatsbürgerschaft und dadurch die Möglichkeit, hier zu leben ohne Angst vor Ausweisung.

Ich gehe mit ihm so um, wie das Antoine de Saint-Exupéry in

seinem wunderbaren Essay «Bekenntnis einer Freundschaft» beschrieben hat:

„Wenn ich einen Hinkenden zu Tisch bitte, dann lade ich ihn ein, mit mir zu essen und fordere ihn nicht auf, mit mir zu tanzen." [28])

Und genau das meine ich mit dem geschlechtsneutralen, nationalitätsneutralen Umgang miteinander, den ihr Frauen doch täglich beweist – ihr Frauen arrangiert euch immer untereinander, keine Frau käme auf die Idee, eine andere Frau zu verklagen oder zu belächeln, weil diese ein Kopftuch trägt, oder? Und wenn deine Freundin über den Jeans einen kurzen Rock trägt, findest du das phantasievoll, aber würdest sie doch deshalb nicht abschätzig belächeln.

Jacqueline Ackermann:

Trägt dein Musiker tatsächlich einen kurzen Rock über seinen Jeans?

Hugh-Friedrich Lorenz:

Jacqueline, jetzt erwürge ich dich gleich! Zieh das nicht ins Lächerliche, was ich da sage. Es geht doch wirklich darum, jetzt mal auf den Punkt zu kommen und gemeinsam herauszufinden, was denn unser gnädiger Herr Adam tun soll, um wieder gut zu machen, was er versaut hat, oder?

Jacqueline Ackermann:

Irgendwie bin ich jetzt etwas verwirrt. Wir sprechen seit Stunden von Adam an sich als Problem. Und jetzt ist plötzlich für dich der Mann nicht mehr das *Problem*, sondern die *Chance*?

Hugh-Friedrich Lorenz:

Laß uns bitte ganz ruhig und besonnen zum Ausgangspunkt unseres Gesprächs zurückkehren. Es sind maskuline *Verhaltensmuster*, über die wir seit zwei Stunden sprechen. Verhaltensmuster, die momentan die Entwicklung dieses Planeten absolut blockieren. Es geht doch nicht darum, Individuen zu be- oder gar zu *ver*urteilen, die diesen Mustern unterliegen – die Kerle können doch meist gar nichts dafür, daß sie reagieren wie ferngesteuerte Zombies!

Jacqueline Ackermann:
Sag mal, von welchen Adams sprichst jetzt eigentlich? Von meinem Ehemann zuhause oder von dir oder vom Briefträger oder von meinem Frauenarzt oder von wem?

Hugh-Friedrich Lorenz:
Wir sprechen zum Beispiel vom Herrn Abteilungsleiter im Supermarkt oder vom Teamleiter beim JOBCENTER, der durch sein aufgeblähtes Ego bei seinen Mitarbeiterinnen nur Schäden anrichtet, also kleiner Einzelschaden im täglichen Plural;

vom schwarzbeanzugten Manager, der sich für Gott hält, weil er plötzlich mehr als fünf Mille im Monat verdient;

vom selbstverliebten Vorstandsmitglied, das den Turbo V6 von Saab mit 280 PS auf der linken Spur über die Autobahn pflügen läßt, geleast, versteht sich;

von den Schwachköpfen, die jetzt hier – hast du es gehört? – durch Badenweiler auf ihren Motorrädern knattern, weil sie gleich auf den Berg Blauen hochkurven werden, um oben die Halstücher von den Mündern zu nehmen und sich gegenseitig auf die Schultern klopfen, weil sie doch so tolle Hechte sind – Jacqueline, von diesen verkorksten Adams reden wir, okay?

Wir sprechen von einem Oberbäckermeister hier aus der hiesigen Region, einem, der -zig Filialen betreibt und sich feiern läßt als erfolgreicher Manager, der aber seinen Angestellten – logo nahezu ausnahmslos Frauen, nur im Führungskader sitzen Männer – verbietet, Trinkgelder zu behalten.

Er läßt sie zwar Trinkgelder *kassieren*, aber die fließen dann in seine eigene Kasse – die Damen dürfen den Kunden nicht einmal sagen, daß die Trinkgelder bei ihm landen. Im Klartext: Er kassiert an der Steuer vorbei ab, während die Damen für ihn freundlichen Service bieten – ich habe das nur zufällig von einer Mitarbeiterin erfahren, die mich aber um absolutes Stillschweigen bat darüber, daß sie es mir sagte, sonst wäre sie wohl ihren Job los.

Und so weiter, Jacqueline: Was hier unten durch uns Männer an Gemeinheiten passiert, paßt auf keine Kuhhaut, im Mikro- wie im Makrobereich! Von den großen, arroganten, selbstverliebten Schweinereien in der Politik und in den Großkonzernen ganz zu schweigen.

Jacqueline Ackermann:

Na, nun krieg dich ein, Junge, du fängst ja gleich an zu heulen! Also nochmals nachgefragt, welche morgigen Adams hast du denn heute im Angebot, die es bitteschön besser machen könnten als die gestrigen und die heutigen?

Hugh-Friedrich Lorenz:

Adams, die jungen Menschen wieder Vorbilder sein können. Nimm als absolutes Positivbeispiel Herrn Reich-Ranicki, *das war ein Mann!* Er hätte jede Menge zu Jammern gehabt, weil er Adam mit all seinen Fratzen erlebt hat. Und was tat er? Er hat mit Adams Fratzen gelebt und gezeigt, worauf es ankommt: *Man muß nur mutig sein!*

Auch mein langjähriger Freund Manfred-Michael Seiler ist so ein toller Mann, Künstlername «Dragon of Transsylvania» http://www.dragonsworld.eu/, der jetzt in Köln lebt und die Gefängnisse der rumänischen Securitate überlebt hat. Was glaubst du, was der jetzt macht? Rumjammern, trauern? Er arbeitet jeden Tag mit jungen Menschen, um ihnen zu zeigen, daß es auch anders geht hier unten, trotz Adams erbärmlichen Fratzen.

Mein Freund Bernd Gerke macht Auraarbeit, hilft Menschen auf ihrem Weg zu neuer Lebensenergie, und dies auf eine so sagenhafte ruhige Art, daß er hundert sein könnte, aber er ist erst irgendwas um die Fünfzig.

Mein Freund Ingo, der an einer unheilbaren Krankheit leidet, aber keine Gelegenheit ausläßt, sein Riesentalent als Musiker meist kostenlos anderen zu leihen, ohne auch nur einmal rumzujammern, obwohl es ihm körperlich und deshalb auch seelisch meist ziemlich mies geht.

Mein Freund Heiko, gestandener Handswerksmeister, der ein existentielles Riesentrauma erlebte, aber geradlinig durch den Alltag marschiert, ohne große Worte darüber zu verlieren.

Ich könnte die Reihe ziemlich lange fortsetzen, alles respekteinflößende, starke Persönlichkeiten und warmherzige Menschen ohne Dünkel.

Aber hier, Jacqueline, SPIEGEL 40/2013, Seite 59: «*Warum*

macht Sport Erwachsene aggressiv, Herr Kupper?»

Und wer ist auf dem Foto zu sehen? Dieser brüllende Halbaffe von Klopp, Trainer von Borussia Dortmund – den sollen Sportlehrer ihren Schülern als Vorbild nennen?

Und im Artikel einige Zeilen darüber «*Was war da los, Herr Deitch?*» erklärt ein Rabbiner, wie er mit der Lupe die besten Früchte für das Laubhüttenfest aussucht – Etrogs.

Nun stell´ dir mal vor, wir entlassen junge Menschen ins einundzwanzigste Jahrhundert, in das wir ihnen vorher Probleme ohne Ende gepflanzt haben, Herr Klopp durch eine Pseudofußballwelt, die von der Alltagsrealität junger Menschen so weit entfernt ist wie die Erde vom Mars, und wir beauftragen sie, am Spielfeldrand im schwarzen Anzug mit Krawatte ihr Unterkiefer vorzuschieben wie ein wütender Gorilla oder die besten Früchte für das Laubhüttenfest auszusuchen.

Oder hier, der Link zu einer Sendung auf Al Jazeerah über die explodierende Zahl von Frauen in kalifornischen Gefängnissen, Frauen, die über zehn Jahre einsitzen müssen, weil sie ein Gramm Rauschgift bei sich hatten, das sie auf Druck ihrer Männer besorgten, *sogenannter* Männer, die sie vorher erst mal richtig vergewaltigten, bevor sie sie losschickten zum Dealen, Feiglinge, die ihre Frauen lossandten, um ihre eigenen Schwächen zu kaschieren, schau dir das mal an:

http://www.aljazeera.com/programmes/faultlines/2013/09/women-behind-bars-201393010326721994.html

Jacqueline, wie beknackt ist unsere Männerwelt 2013, wie brutal, wie primitiv werden wir?

Hier, der SPIEGEL von dieser Woche, 40/2013. Ein Bericht über die Zustände am Oktoberfest, mitten in Deutschland: Ein türkischer Ingenieur läuft besoffen und onanierend durchs Zelt, Männer halten ihre Handys unter die Röcke der Frauen und stellen die Videos dann auf Facebook – und andere Männer geilen sich daran auf, verzeih den Ausdruck, aber so ist es nun mal. [29])

Warum, zum Teufel, Jacqueline, laßt ihr Frauen euch das alles gefallen, das frage ich mich jeden Tag? Wenn sogar ich als Mann als Mann aufschreie ob dieser immer primitiver,

immer aggressiver und rücksichtslos werdenden Männerge-
sellschaft?

Warum schreit ihr Frauen denn nicht endlich auf?

Jacqueline Ackermann:

He, Hugh, beruhige dich bitte. Ich denke darüber nach,
warum ich nicht aufschreie, versprochen! Aber ich bleibe hart-
näckig: Was für einen Typ von Adam wünschst du dir denn dann
eigentlich?

Hugh-Friedrich Lorenz:

Ich wünsche mir Adams, die sich und das gesamte Konzept,
auf das wir unseren Alltag aufbauen, in Ruhe und Gelassenheit
zu hinterfragen wagen;

die demütig sind angesichts dieses wunderbaren Geschenks
genannt Leben, angesichts dieses traumhaften Wohnorts genannt Erde, die Kinder ebenso respektieren wie Behinderte.

Adams, die Tieren Respekt entgegenbringen, indem sie sie
nicht in Käfigen halten, mästen, umbringen und dann auffres-
sen;

Adams, die ganz altmodisch durchaus ein wenig John Wayne
sein können, denn so ganz daneben lag der alte Schwerenöter
ja nicht, trotz seiner Vierschrötigkeit. Denn er war in keinem
seiner Filmrollen verlogen, was ja schon mal was ist, oder?

Jacqueline Ackermann:

Also du holst doch jetzt nicht im Ernst John Wayne an die
Front, um deinen perfekten Adam zu beschreiben? Das glaub´
ich jetzt aber nicht. Hugh, mein Sohn, aus meiner mütterlichen Rippe geschnitten!?

Hugh-Friedrich Lorenz:

Wäre das nicht perfekt, die Vorstellung, daß es uns Männern
gelingt, uns damit abzufinden, daß wir vielleicht wirklich nur
zur Befruchtung gedacht sind und daß damit unsere Aufgabe
erfüllt ist?

Jacqueline Ackermann:

Na, das würde dir so passen – seine tägliche Befruchtung gib
ihm heute, dem Herrn Lorenz, du alter Lustmolch! Und dann
Frauen an die Macht? Verantwortung ade? Mama richtet es
schon?

Hugh, ich kenne dich nun so lange – gehe ich recht in der Annahme, daß du selbst eigentlich keine präzise Antwort auf die Frage weißt, wie sich Adam reformieren soll?

Hugh-Friedrich Lorenz:

Na ja, ein Stück weit hast du recht. Jetzt, nach unserem Gespräch, räume ich ein, daß ich mir zwar allerhand von der Seele geschimpft habe, aber ganz bescheiden nur *meine* Antwort habe. Und die klingt wohl in deinen Ohren alles andere als modern.

Ich habe mit dir eben über uns Musiker gesprochen. Da liegt schon eine wichtige Antwort verborgen: Wir Menschen sollten uns wieder vermehrt über die Künste verständigen statt nur über die blöde, schnöde Ökonomie...

Jacqueline Ackermann:

...der du ja mit einem deiner letzten Bücher eine harsche Abfuhr erteilt hast... [30])

Hugh-Friedrich Lorenz:

War auch nötig. Die Künste geben uns und vor allem unseren verstörten Kindern verläßliche Antworten. Und alles, aber wirklich alles, was mit Kunst zu tun hat, trägt weibliche Züge - «die» Kunst, ist nicht allein das schon eine Klarstellung?

Unter all den Musikern, mit denen ich zeitlebens arbeiten durfte, ist mir noch nie, kein einziges Mal, ein aggressiver, unsozialer Typ begegnet. Geht doch auch gar nicht: Du *mußt* dich anpassen in deiner Band, mußt dein Ego zurücknehmen, kontrollieren, sonst gibt es in jeder Hinsicht Disharmonien, hörbare und sichtbare.

Aber auch du, Jacqueline, begegnest doch täglich tollen Kerlen, in allen Lebensbereichen, Kerle wie frisch aus meinem Reformhaus: Männer, die einem in die Augen schauen können, einen festen Händedruck haben, zuhören können, sich ernsthaft für andere Menschen interessieren, eine gewisse Gelassenheit zeigen können, die aus Erfahrung mit sich selbst kommt...

Jacqueline Ackermann:

Halt, halt, halt, nun mal langsam mit den jungen Pferden. Gelassenheit, die aus Lebenserfahrung stammt? Dann kann also ein junger Kerl mit vierunddreißig noch kein ganzer Mann sein?

Hugh-Friedrich Lorenz:

Wenn der junge Mann in einem Umfeld aufwächst, in dem es wirklich gestandene, geradlinige, ihm wohlgesonnene Männer gibt, dann geht das schneller.

Denn das ganz altmodische Aufschauen zu einem in Ehren Ergrauten ist nicht immer abwegig, es ist aber auch nicht immer selbstverständlich. Dadurch, daß ich selbst ja in einem Alter bin, in dem mich alte Leute akzeptieren, erkenne ich schon vermehrt das, was eine Spur von Weisheit genannt werden kann.

Ich begegne ja täglich alten Menschen, suche das Gespräch mit ihnen. Alte Menschen sind darunter, von denen ich aber manchmal auch nur sagen kann: Na, der hat in seinem Leben nichts dazugelernt, ist ein doofer, selbstverliebter Macho geblieben!

Aber das ist die Ausnahme. In Deutschland, der Schweiz und Frankreich zumindest findest du schon ein stabiles Fundament an gereiften Männern – sonst komme ich ja momentan nirgendwo anders herum, weil ich meine Tage auf Sonnenterassen in Badenweiler mit Evas parlierend verbringe...

Im Rahmen der Studie, die ich schon erwähnte, der zum Umgang mit Gewalt durch Frauen, spreche ich nicht selten mit Frauen, die ihr Leben mit einem älteren Mann teilen.

Eine Dame brachte mir einen Vergleich, der mich zum Schmunzeln brachte, aber recht hat sie: Du willst auf eine Flugreise gehen, die mehrere Stunden dauert und möglicherweise durch ein stürmisches Gebiet führt.

Nun hast du die Wahl zwischen einem Piloten mit sechshundert Flugstunden und einem Piloten, der schon sechstausend Stunden in der Luft war und so manche kritische Situation überstanden hat – zu wem steigst du in die Maschine?

Jacqueline Ackermann:

Oh, typisch Hugh! Diese Geschichte hast du doch jetzt gerade mal eben erfunden, um für euch alte Knacker als Liebhaber zu werben?

Junge Piloten haben auch was an sich, was wir Frauen lieben könnten, stell´ dir vor!

Hugh-Friedrich Lorenz:

Lenk nicht ab! Also was jetzt?

Jacqueline Ackermann:

Klar, Erfahrung macht reif, da gibt es nichts zu deuteln. Also sind deine Vorbild-Adams, sozusagen dein Sonderangebot aus deinem Reformhaus, alles 50plus Männer und die Jungen stehen Schlange, nervös mit den Fingern trommelnd?

Hugh-Friedrich Lorenz:

Die geradezu zwanghafte Verjüngung in verantwortlichen Positionen, die wir heute in der Wirtschaft und leider auch in der Politik miterleben - ich denke nur an die lächerliche boy-group, die uns die FDP in den letzten Jahren bescherte und mit ihrem neuen Vorsitzenden in spe, einem dauerlächelnden blondschopfigen Kotzbrocken serviert — schreit zum Himmel.

Mein «heute-im-Angebot-Adam» weist auf:

- Anstand
- Zuverlässigkeit
- Geradlinigkeit
- und Respekt vor der Tatsache, daß wir alle hier unten gemeinsam für das verantwortlich sind, was den Planeten prägt.

Ich kann das zentrale Motto schon auf einen Satz reduzieren, aber der ist wieder ein Zitat und nicht von mir.

Jacqueline Ackermann:

Laß ihn raus, ich kann damit leben, nach dem vierten Eisbecher und dem prickelnden Prosecco! Es wird ja eh wieder ein klassisches Zitat sein, oder?

Hugh-Friedrich Lorenz:

Ja, es muß wieder mal der gute alte Goethe herhalten, tut mir leid: *„Edel sei der Mensch, hilfreich und gut!"*.

Dem ist nach meiner Weltsicht nichts hinzuzufügen. Denn der alte Schwerenöter schrieb ja eben nicht «edel sei der Mann» oder «edel sei die Frau».

Mensch sein, Jacqueline, ich glaube, nur darauf kommt es an!

Deshalb sind meine Mustermänner Alfons Sonnbichler und Doktor Niederbühl!

Jacqueline Ackermann:

Sind das deine Nachbarn? Oder Musikerspezln? Beide aus Badenweiler, dem von dir so hochgelobten zentralen Ort, der verdächtig nach Deutschlands geheimer Hauptstadt klingt??

Hugh-Friedrich Lorenz:

Also, deine Bildungslücken sind himmelschreiend, Jacqueline.

So, ich muß jetzt gehen, es ist gleich drei Uhr und da bin ich für eine Stunde nicht zu sprechen, das bitte ich zu respektieren.

Jacqueline Ackermann:

Also, soviel Zeit um mir zu erklären, wer denn deine beiden Tarzans sind, die du zu den Männern des Jahres küren und als Sonderangebot in dein Reformhausschaufenster stellst, wirst du wohl noch haben, oder? Nun sei mal edel und hilfreich und gut und klär mich auf.

Hugh-Friedrich Lorenz:

Wer niemals «Sturm der Liebe sah», wochentags von fünfzehn bis sechzehn Uhr, der kann halt nicht mitreden, wenn es um wahre Männer geht, Sonnbichler und Dr. Niederbühl, Jacqueline.

Jacqueline Ackermann:

Das glaub´ ich nicht!? Und du erzählst allen, daß du einen anstrengenden Zwölfstunden-Schreiberlingentag hast, und dabei glotzt du am hellichten Nachmittag imaginäre Helden im Fernsehen an? Schande auf dein edles, hilfreiches und gutes Haupt, Herr Lorenz.

Hugh-Friedrich Lorenz:

Jacqueline, was wir jetzt brauchen, sind mutige Männer, *das ist es!* Und ich gehe als gutes Beispiel voran, indem ich jetzt fünfzig Euro aus der Tasche ziehe, um mich mutig dem Ergebnis deiner Freß-und Sauforgie zu stellen.

Herr Ober – bitte die Rechnung, danke! Ja, alles auf eine Rechnung ... leider...

Jacqueline Ackermann:

Macho, oder besser: Du «unreformierter ADAM!»

73

Fußnoten / Endnoten

[1]) Peter Russel, Die erwachende Erde. Unser nächster Evolutions-
sprung. Heyne Taschenbuch 1982

[2]) Handbook of Cross-Cultural Psychology. Volume 3 (basic process).
Allyn and Bacon Inc. 1980, Seite 197 ff

[3]) Dieter Duhm, Synthese der Wissenschaft. Der werdende Mensch.
Kübler Verlag 1979 WS 113 ff

[4]) Dietrich Dörner (Hrsg.) Lohhausen. Vom Umgang mit Unbestimmtheit und Komplexität. Verlag Hans Huber (Bern) 1983. Verfaßt auf der
Grundlage des DFG Projekt 200/4 «Systemdenken» Lehrstuhl Psycho-
logie II Uni Bamberg 1981

[5]) Dietrich Dörner, Die Logik des Mißlingens. Rororo Taschenbuch 1989

[6]) SPIEGEL Nr. 23/84

[7]) Bericht des Club of Rome 1991: Die globale Revolution, S. 122 und
129

[8]) SPIEGEL 37/2013, «Gegen die Dominanz» – ein neuer Film zeigt,
wie ein Ukrainer die Frauen von «Femen» aus dem Hintergrund diri-
gierte.

[9]) Genesis 6, 1-4

[0]) Hermann Broch, Massenwahntheorie. Suhrkamp 1979, S. 279 ff

[1]) http://www.horizonshop.de/what-the-bleep-do-we-k-now.html

[2]) http://www.amazon.de/Liebe-Lust-L%C3%BCge-Jonathan-Edition/
dp/3837054462/ref=sr_1_1?ie=UTF8&qid=1379256800&sr=8-
1&keywords=Lorenz+Liebe+Lust+und+L%C3%BCge

[3]) «Wirtschaft. Arbeit. Menschen. Was Menschen in der Arbeitswelt
bewegt und worauf es jetzt ankommt« Edition Jonathan
(Badenweiler) 2013

[4]) Arno Plack, Ohne Lüge leben. Zur Situation des Einzelnen in der
Gesellschaft. DVA 1979

[5]) Karl Marx, Marx & Engels Werke, Band 13, S. 8 Berlin 1973

[6]) Hugh Lorenz in: Wirtschaft. Arbeit. Menschen. Was Menschen in
der Arbeitswelt bewegt und worauf es jetzt ankommt. Edition Jonathan 2013

[7]) http://de.wikipedia.org/wiki/Testosteron

[8]) Wolfgang Kubicki in einem Interview mit der BILD AM SONNTAG
27.1.2013: „Denn natürlich rutscht einem da schon mal eine lockere

und nicht gelungene Bemerkung heraus. Jetzt muß ich damit rechnen, daß das gegen mich verwendet wird."

[9]) Rainer Brüderle zu einer Journalistin, zitiert im STERN: *„Sie können ein Dirndl auch ausfüllen!"*

[20]) Stephen Chang, Das Tao der Sexualität. Von der tieferen Weisheit des Liebens. Goldmann 1995

[2]) Wilhelm Reich, Die Entdeckung des Orgons / Die Funktion des Orgasmus. Kiepenheuer & Witsch 1969

[22]) Joachim Bauer. Das Gedächtnis des Körpers. Wie Beziehungen Lebensstile unsere Gene steuern. Piper 2004

[23]) Dieter Duhm, a.a.O.

[24]) Johann Wolfgang von Goethe, Der Zauberlehrling

[25]) Paul Parin, Fritz Morgenthaler, Goldy Parin-Matthèy, Fürchte deinen Nächsten wie dich selbst. Psychoanalyse und Gesellschaft am Modell der Agni in Westafrika. Bibliothek der Psychoanalyse, 1971

[26]) Ernest Bornemann, Das Patriarchat. Ursprung und Zukunft unseres Gesellschaftssystems. Herausgegeben vom ZK der KPDSU Institut für Feminismus, Zara Leander Verlag Nischni-Nowgorod 1975, S. 522 ff

[27]) Ernest Bornemann, a.a.O.

[28]) Antoine de Saint-Exupéry. Bekenntnis einer Freundschaft. Karl Rauch Verlag 1955

[29]) SPIEGEL 40/2013. Absolute Mehrheit. Das Oktoberfest zieht ein globales Publikum an. Vordergründig geht es um Sex und Suff. Tatsächlich wird eine deutscher Irrtum inszeniert: der Siegeszug der Monarchie in aufgeklärten Zeiten. S. 62 ff

[30]) Wirtschaft. Arbeit. Menschen. Was Menschen in der Arbeitswelt bewegt und worauf es jetzt ankommt. Edition Jonathan 2013

Zusammenfassung:
Adams Welt, Evas Antwort
Gedanken zum gesellschaftlichen Paradigmenwechsel

Wat braucht der Mensch außer Glotze gucken, 'n bißchen bumsen, 'n bißchen Anerkennung?"
Ist Graciano Rocchigianis [1]) Welt Adams Welt? Oder die Tatsache, daß täglich bundesweit über siebenhunderttausend Bordellbesuche gezählt werden? Daß Frauengefängnisse nur ca. 2,4 % unserer Justizvollzugsanstalten stellen (Jugendvollzugsanstalten für Frauen eingerechnet!)? Daß es einem ach so charmanten, unauffälligem Mann gelingt, ein entführtes Mädchen acht Jahre in einem Verließ zu peinigen, inmitten unseres Alltags?

Quatsch, Polemik, Unsinn! Da ist doch auch Mozart und Rilke und der sanfte, zahme 102jährige Johannes Hesters, da ist Thomas Gottschalk, der Schwiegersohntyp, der keiner Fliege, geschweige denn einem Weib was zu leide tun kann;

und da gibt es den netten Herrn Müller von nebenan, der seit fünfzig Jahren mit einer gelähmten Frau verheiratet ist und sie in jedem Sinne des Wortes „auf Händen trägt". Da sind die tollen Kerle von der Feuerwehr und der nette Arzt aus der Frauenklinik. Aber dies alles ist letztendlich...

Adams Welt

...denn unsere Wahrnehmung blendet bei einer solchen Auflistung eine entscheidende Tatsache aus – daß nämlich unser Alltag im 21. Jahrhundert weltweit nach wie vor mit unreflektierter Selbstverständlichkeit in allen entscheidenden Bereichen von männlicher Wahrnehmung und männlicher Interpretation des Daseins geprägt ist, daß selbst die elementaren Entscheidungen darüber, was Recht und was Unrecht ist, was unser ethisches Gerüst für Alltag und Gesellschaft formt, maskulin geprägt und bestimmt wird.

Was zunächst durchaus wertfrei zu sehen wäre, wäre da

77

nicht die andere, in den erwähnten Bereichen deutlich unter-
repräsentierte Hälfte der Weltbevölkerung. Und die ist nun mal
weiblich.

Diese Hälfte ist de facto, nicht de jure (oh nein, da feiert die
Emanzipation offiziell fröhliche Urständ´! Nur ... die normative
Kraft des Faktischen hält „die Weiber" schon raus von dort, wo
sie nun mal wirklich nicht hingehören...!) von den wesentlichen
Entscheidungsprozessen und Weichenstellungen über die Art
und Weise der Gestaltung und des Klimas unseres sozialen
Lebens ausgeschlossen.

Dies gilt im Makro- wie im Mikrobereich: In Unternehmen ent-
scheiden in der überwiegenden Zahl der Fälle immer noch Männer über Kommunikationsstrukturen, über deren Aufbau und
Inhalte, sowohl im Innenverhältnis (innerbetriebliche Kommunikation), als im Außenverhältnis (Produktgestaltung, Ange-
botspräsentation, Werbung etc.) – was für eine Vergeudung an
wertvollen Ressourcen der „Kommunikations-- und Sozialisie-
rungsweltmeister Frauen"!

Freuds Arbeit über *„Das Unbehagen in der Kultur"* müßte
überarbeitet und neu aufgelegt werden als *„Das Unbehagen
des Mannes in der von ihm geschaffenen Kultur"*, denn James
Brown bringt es in seinem Song *It's a man's world* in der letzten Strophe auf den Punkt:

*"This is a man's world, but it wouldn't be nothing, nothing
not one little thing without a woman or a girl! He's lost in the
wilderness, he's lost in bitterness..."* [2]) – insbesondere emp-
findsame, gebildete und intelligente Männer fühlen sich nämlich gar nicht mehr so wohl als sackgassengefangene Zauber-
lehrlinge in einer komplexen Welt, die längst als von Adam
nicht „mach(t)bar", nicht beherrschbar erkannt wurde - man
(n) beachte die Wurzel „Herr" in „herrschen"....

Weibergequatsche

...ist das Geheimnis der längst belegten, der dem Mann haushoch überlegenen Kommunikationsfähigkeit von Frauen: Wie
die Neurologie aufzeigt, bilden sich bei jedem Gespräch in unserem Gehirn neue Synapsen [3]), was zu einer Erweiterung und

Verbesserung von Assoziationsfähigkeit führt, also der Fähigkeit, auf ähnliche, gespeicherte Informationen zurückzugreifen und solche Informationen durch neue Inhalte und Verknüpfungen komplexer zu gestalten.

Die Entdeckung der sogenannten „Spiegelneuronen" [4]), das vorläufige Tüpfelchen aufs „i", bestätigt, daß Empathievermögen, also die Fähigkeit, sich in andere Menschen zu versetzen, wesentlich von der Quantität und Intensität unserer kommunikativen Kontakte mit unseren Mitmenschen abhängt, verbalen wie nonverbalen. Und da ist Eva Adam nun mal ...mannshoch überlegen.

Aber Kommunikationsfähigkeit ist eines, *was* kommuniziert wird, das andere. Nachweislich transportieren Frauengespräche Inhalte, die stets zwei entscheidende Merkmale aufweisen: neugieriges Lernen [5]) und die Suche nach Konsens.

Margarate Mitscherlich beschreibt in ihrem epochalen Werk *„Die friedfertige Frau"* detailliert, warum „die Zukunft weiblich" ist (ein zweiter, erfolgreicher Buchtitel aus ihrer Feder [6]) und nach ihren Schlußfolgerungen schlicht und einfach friedvoller. Und das ist zu einem Gutteil auf subtile, weibliche Kommunikationsfähigkeit zurückzuführen.

Evas Antwort

...ist ein kluger und bewährter Ansatz zur Verständigung zwischen Parteien unterschiedlicher Auffassung. Er entspricht dem Gedanken von Lacordaire: *„Es geht nicht darum, den anderen des Irrtums zu überführen, sondern sich mit ihm (ihr) zusammen in einer höheren Wahrheit zu treffen!"* – insofern erweist sich die weibliche Art der Konfliktlösung mit dem Prinzip der wissenschaftlichen, auch der demokratischen Idee und der des humanen Wegs zur Befriedung des Planeten identisch. Und damit dem herrschenden, patriarchalisch-männlichen Ansatz zweifellos haushoch überlegen.

Die Schlußfolgerungen aus der weiblichen Art zu kommunizieren sind jedoch weitaus bedeutsamer, als dies auf den ersten Blick scheint. Denn jeder Fortschritt in unserem Leben fußt auf einer Verbesserung unserer Kommunikationsfähigkeit.

Unsere Gesellschaft bedarf jedoch dringend *in ihrer Gesamtheit* einer solchen Optimierung der Gesprächsfähigkeit im zwischenmenschlichen Bereich, hier insbesondere in Richtung dessen, was ich *„geschlechter-versöhnt"* nennen will: Adam und Eva sollten sich als einander jederzeit und ohne Einschränkung auf Augenhöhe begegnend verstehen!

Aber an welchen Schlingen wäre zu ziehen, um hemmende Knoten auf dem Weg zu einem solchen Umgang miteinander zu lösen?

Ich greife im Rahmen dieses begrenzten Forums zwei Beispiele heraus, die jedoch als zentrale Ansätze gelten können, weil sie sich bis in die Niederungen des familiären Alltags, der Partnerschaften, aber auch der Situation am Arbeitsplatz erstrecken.

Kooperation statt Konfrontation

...als gesamtgesellschaftliches Motto ist ein solches Beispiel. Denn das Paradigma *„Konkurrenz als Fortschrittsgarant und Entwicklungsmotor"* steht auf dem Prüfstand, oder sollte zumindest schleunigst dorthin.

Darwin schrieb nämlich nicht, wie fälschlicherweise meist zitiert wird, vom Überleben des *Stärkeren*, sondern vom Überleben des an veränderte Umwelt-bedingungen besser *Angepaßten* [7] – und schon wären wir bei einer der zentralen, femininen Fähigkeiten – *Frau biegt sich, wo Mann zerbricht!* Aldous Huxley schrieb: *„Der Mann ändert eher das Antlitz der Erde, als seine Gewohnheiten"*.

Maskulin geprägte Verhaltensmuster zählen Kampf, Eroberung, Sieg, Dominanz, Manipulation, Unterwerfung, besser, stärker, schneller sein als der andere, der Gegner oder gar der „Feind", zum Vokabular und zum internalisierten Verhaltenskodex.

Es ist uns Männern gar nicht bewußt, wie diese Muster unseren Alltag prägen, das ist das Gefährliche an diesem global bedrohlichen Phänomen.

Im finalen Denken geschulte Geister erkannten aber seit eh und je, daß der Kampf „jeder gegen jeden" letztlich in einer

Ausrottung der Spezies enden muß, auch wenn dieser Kampf auf dem Podium wohlklingender Slogans und Lebenslügen wie *„Konkurrenz belebt das Geschäft"*, *„das Bessere ist der Feind des Guten"* oder schlicht unter dem Generalmotto „Marktwirtschaft" [8]) ausgetragen wird.

In der angeblich „sozialen" Marktwirtschaft hat jedoch schon längst der „Vernichtungswettbewerb" den Verdrängungswettbewerb ersetzt – Krieg an allen Fronten..?!

Es ist das herausragende Verdienst Ernest Bornemanns, akribisch und in einer enormen wissenschaftlich-interdisziplinären Bandbreite aus der Geschichte seit Hellas und Rom und als Anthropologe und Sexualwissenschaftler mit einem breiten Überblick über die Forschungsergebnisse der ersten sechs Jahrzehnte des letzten Jahrhunderts die Überlegenheit matristischer gegenüber patriarchalischer [9]) Gesellschaften aufgezeigt zu haben, wobei die erstgenannten stets von Kooperation, Loyalität, Harmonie und gewaltloser Beilegung von Konflikten geprägt waren.

Gespräche mit modernen Frauen, die sich kompetent mit Themen aus Politik und Wirtschaft beschäftigen, weisen ebenfalls auf eine pragmatische und zugleich durchaus befriedete Kommunikation" im Kontext von „Kooperation der Beteiligten" aus, die als Synthese aus anscheinenden Widersprüchen und als klug dialektisch erarbeitet gelten kann. [10]).

„Liebe, Geduld, Ausdauer, Hegen und Nähren sind die Grundsteine der mütterlichen Welt. Angst, Neid, Schuld und Scham sind die des Patriarchats. Macht, «Recht», Autorität und Gehorsam sind die Eckpfeiler des Gebäudes, auf denen alle patriarchalischen Gesell-schaften ruhen, auch die unsrige.", schreibt Ernest Bornemann [11])

Wer übrigens die Natur anführt, um triumphierend festzustellen, daß dort ja auch Kampf, fressen und gefressen werden Alltag ist, übersieht, daß gerade dort Mechanismen greifen, die dazu führen, daß eine Spezies niemals so weit dezimiert wird, daß sie ausstirbt, also daß Jäger zum Beispiel die Gesamtheit ihrer Beute niemals über ein gewisses Maß hinaus dezimieren – so als „wüßten" sie, daß dies unweigerlich zu ihrem eigenen

Aussterben mangels Nachschub führen würde - ein weiteres Beispiel für geradezu unheimliche Naturkonstanten, unsichtbar, aber überaus wirksam [12]).

Wahrhaftigkeit

..., bedeutet schlicht und einfach die Abwesenheit von Lüge, dem zweiten zu lösenden kommunikativen und gesamtgesellschaftlichen Knoten.

Lügen haben, wie z.B. die Ergebnisse intimer Gespräche mit Teilnehmerinnen und Teilnehmern an meinen Veranstaltungen zum Thema „Partnerschaft" immer wieder belegen, häufiger behaarte als lady-geshavte Beine, mit dem prägnanten Unterschied, daß Frau *besser*, Mann aber *häufiger* lügt.

Aber wie wäre es in einem von schizophrenen Verhältnissen geprägten zentraleuropäischen Alltag auch anders möglich: Das Spektrum der stündlich kolportierten Halbwahrheiten und in Kauf genommener Unwahrheiten in Wirtschaft, Politik und Verwaltung, in der Werbung, im Austausch von Empfindungen („*Wie geht´s?*" „*Oh, danke, ganz gut...*", obwohl wir oft den Tränen nahe sind) ist so evident, aber zugleich so perfekt verdrängt, daß unser aller Wahrnehmung gut trainiert ausblendet, was da nicht ist, weil es nicht sein darf.

Arno Placks Forderung aus den 68ern „*Ohne Lüge leben*" [13]) verhallte in den Niederungen maskuliner Machtkämpfe.

„*Wenn man nicht mehr weiß, daß man lügt, dann geschieht etwas, von dem dann wirklich gilt, daß es bis ins dritte und vierte Geschlecht dem Menschen schadet. Noch die Lügen meiner Urgroßeltern hängen mir in meiner seelischen Gesundheit oder Krankheit an*", schreibt Carl-Friedrich von Weizsäcker [14]).

Was tun, hier und jetzt? Nachfragen! „*Wer fragt, führt!*", lautet eine römische Erfolgsregel aus dem Rechtswesen.

Die meisten der heute verbreiteten Halbwahrheiten, der Lügen, der von ihrem Wahrheitsgehalt mantrahaft überzeugt vorgetragenen Lebenslügen, der auf Wunschdenken fußenden Aussagen, von im Brustton der Überzeugung nachgeplappertem Schwachsinn sind durch präzises und beharrliches Nachfragen zu entlarven, so einfach ist das meist – Sokrates läßt grüßen!

Frau scheint instinktiv um die krankmachenden Wirkungen der Lüge zu wissen. Frau wächst nachweislich mit einer stärkeren Identität, einem stärkeren Selbstbewußtsein, einem ausgeprägteren Verständnis für eigene Bedürfnisse und die ihrer Umwelt auf, als junge Männer (wenn man(n) Frau denn läßt..),.

Und ... Wahrheit ist gesund! Auraseherinnen und -seher bestätigen, wie sich Wahrhaftigkeit ebenso wie ihr Gegenteil in unserer für ungeschulte Augen unsichtbaren Körperhülle niederschlägt [15])

Meist stellen sich, auch wenn wir Männer das oft nicht freiwillig zugeben, Ängste vor das im Grunde als wahr Erkannte, stehen da wie unüberwindliche Mauern. Gesellschaftliche ebenso wie zwischengeschlechtliche Befrei-dung bedingt aber, auch das bisher für Unaussprechlich Gehaltene auszusprechen, es wahrhaftig werden zu lassen – Lebensarbeit ist Arbeit am Tabu!

Reformhaus Adam

...könnte der ohne Großinvestitionen zu gestaltende Exportschlager Europas werden.

Was Dieter Duhm das *„psychosoziale Intimgefüge"* unserer Gesellschaft nannte [16]), bedarf einer Renovierung, eines gründlichen Überarbeitens und Neugestaltens im oben erwähnten geschlechterversöhnten Sinn.

Wer aber könnte eine solche kulturhistorische Leistung besser vollbringen, als – wohlwollend und loyal unterstützt von „unseren" Frauen! - wir zentral-europäischen Männer, die 1. das Patriarchat perfektionierten, 2. Das Patriarchat vorwiegend auf Kosten und nicht nur auf dem arbeitsgebeugten Rücken, sondern auch in den Betten der eigenen und gerade greifbarer, anderer Frauen jahrhundertlang erprobten und 3. fairerweise sein Scheitern und seine Inhumanität durchaus eingestehen könnten, ohne unser Gesicht zu verlieren?

Evas Antworten liefern uns den Ansatz für einen epochalen, entscheidenden Paradigmen-wechsel.

Anthony Burgess: „Es ist notwendig – deshalb ist es möglich!"

Fußnoten / Endnoten zu «Adams Welt und Evas Antwort»

1) ehemaliger Boxweltmeister im Halbschwergewicht. Er machte diese Bemerkung in einem Interview mit dem SPIEGEL 2004

2) Frei übersetzt: *„Es ist eine Männerwelt, aber sie wäre nichts wert, nicht das Geringste, ohne eine Frau oder ein Mädchen. Er (=der Mann) ist verloren in der Wildnis, in der Bitterkeit…"*

3) Synapsen sind Berührungspunkte eines Nervenfortsatzes mit einer Nerven-, Muskel- oder Drüsenzelle. Über sie findet die Vermittlung von Information an andere Nervenzellen statt. Bei häufiger Nutzung funktionieren sie immer besser (Lern- und Gedächtnisfunktion)

4) Joachim Bauer, *Warum ich fühle, was du fühlst – intuitive Kommunikation und das Geheimnis der Spiegelneurone.* Hoffman & Campe 2004. Die Ergebnisse stammen aus Studien des physiologischen Instituts Parma, Prof. Giacommo Rizzolatti zu *„Steuerung zielgerichteter Aktivitäten des Gehirns"*, 1986 ff

5) Eine Studie der Universität Bamberg („Das Lohhausen-Experiment", Prof. Dörner u.a.) nennt den Faktor „habituelle Neugier" als herausragendes Merkmal bei den am besten abschneidenden Probanden.
Siehe u.a. im Internet unter http://www.muellerscience.com/PSYCHOLOGIE/Kreativitaet/Lohhausen.htm

6) Margarethe Mitscherlich, Die friedfertige Frau. Fischer Taschenbuch 1987

7) Charles Darwin, Ursprung der Arten durch Mittel der natürlichen Selektion oder die Erhaltung bevorzugter Rassen im Kampf um das Leben

8) *„Der Begriff «Marktwirtschaft» als eine positive, wohlklingende Alternative zu «Kapitalismus» verschleiert lediglich die tieferen ökonomischen Tatsachen: daß nämlich die Macht der Produzenten die Nachfrage der Verbraucher beeinflußt, ja steuert. Dies bleibt ungesagt. In der aktuellen wirtschaftswissenschaftlichen Diskussion und Lehre geht man schweigend darüber hinweg."* (…) *Die Rede vom marktwirtschaftlichen System ist (…) nichtssagend, falsch und schönfärberisch".* Sir Kenneth Galbraith,

in: Die Ökonomie des unschuldigen Betrugs. Siedler Verlag 2005, S. 28 ff

9) *„Eine Gynaikokratie, eine «Herrschaft der Frau», gibt es ebensowenig wie ein Matriarchat, eine «Herrschaft der Mutter», denn das Prinzip des Herrschens ist eine männliche Erfindung, entstammt dem Vaterrecht und widerspricht den Organisationsformen der «mutterrechtlichen» Stammesgesellschaften. Dort regiert man sich selber. Es gibt nur Sprecher der Sippen und Stämme (...). Es gibt keine Exekutivgewalt, und deshalb auch keine Herrschaft".* Aus: Ernest Bornemann, Das Patriarchat - Ursprung und Zukunft unseres Gesellschaftssystems. Zarah Leander Verlag Nischni-Nowgorod 1975, S. 521 ff

10) Jaqueline Ackermann / Hugh Lorenz, Er und Sie jenseits des Unterleibs. Edition Jonathan, Badenweiler September 2006

11) Ernest Bornemann, *Das Patriarchat - Ursprung und Zukunft unseres Gesellschaftssystems.* Zarah Leander Verlag Nischni-Nowgorod 1975, S. 520

12) Grund könnte eine „globale Homöostase" sein, deren Wahrscheinlichkeit in der *Gaia*-Hypothese u.a. durch Jim E. Lovelock und Peter Russel formuliert und untermauert wird (Peter Russel, *Die erwachende Erde - unser nächster Evolutions-sprung.* Heyne Sachbuch 1984 und 1991)

13) Arno Plack, Ohne Lüge leben - zur Situation des Einzelnen in der Gesellschaft. DVA (Aus dem Vorwort: „Dieses Buch handelt von der Lüge, die unsere Gesellschaft durchzieht und unsere sozialen Beziehungen vergiftet.")

14) Carl-Friedrich v. Weizsäcker, in: Zwischen Gut und Böse, Ex Libris Verlag AG Zürich 1971, S. 72 ff

15) vergl. Rainer Strücker (Hennef): „Lügen, Süchte, Ängste - der persönliche Mangel weicht der inneren Kraft " (Auraworkshops)

16) Dieter Duhm, *Synthese der Wissenschaft*, Kübler Verlag 1979, s. 106

Nachwort

Nach diesem Gespräch gab es noch zahllose weitere Gespräche zu diesem Thema, denn es erweist sich als ergebnisoffen: Je mehr wir uns mit der Rolle des Mannes gestern, heute und morgen beschäftigen, um so weniger endgültige Antworten scheint es zu geben, außer „edel sei der Mann, hilfreich und gut".

Nehmen Sie diesen Dialog als Anstoß, sich über ihren ganz individuellen Umgang mit sich als Mann, oder als Frau mit den Männern um sie herum zu finden.

Der Weg in ein Zeitalter, das unseren Kindern den Glauben an eine eigene Zukunft in Frieden und Sicherheit vermittelt, führt nur über die Wiederentdeckung der Bedeutung der Spiritualität und ein Zulassen von dem, was ich «geschlechterversöhnte Liebe» nennen will.

Wer die *Macht* hat, etwas zu ändern im Umgang miteinander und mit dem Planeten, hat auch die *Pflicht* es zu tun – und Macht haben immer noch vorwiegend wir Männer.
Also haben wir auch die Pflicht dazu!.

Wenn es uns gelänge, Frauen als absolut zuverlässige Partnerinnen im Alltag angstfrei zu akzeptieren, Frauen zu fördern (sie sind letztlich im «wahren Leben» doch immer unsere Rettungsringe in Krisensituationen, ob als Mutter, Schwester, geduldige Ehefrau oder Geliebte), dann wäre dies ein erster Schritt in Richtung spiritueller Entwicklung der Menschheit – wäre es nicht grandios, wenn dieser erste Schritt von Adam ausginge, freiwillig?!

Was Sie über den Autor wissen sollten

Hugh-Friedrich Lorenz, Baujahr 1949. Eine Lehre als Versicherungskaufmann, Sachbearbeiter in der Krankenversicherung.
Mit einundzwanzig Jahren Verwaltungstätigkeiten für verschiedene US-Besatzungsbehörden in Fürth und Nürnberg (Feuerwehrkoordination, Mieterservice etc.).
Berufliche Weiterbildung zum praktischen Betriebswirt.
Diverse, meist selbständige Tätigkeiten im Messewesen und freier Handelsvertreter für Industrieprodukte. Deutschlandrepräsentant eines amerikanischen Fernlehrinstituts.
1977 Heirat und Übersiedlung in die Schweiz. Seminarleiter und Consultant für den Facheinzelhandel in der Deutschschweiz und in Deutschland (Lederwaren, Bettenfachhandel, Textilfachhandel).
Erste Publikationen zum Themenkreis Verkaufspsychologie, Marketing, PR und Vertrieb, u.a. beim Deutschen Sparkassenverlag und beim Oesch-Verlag.
In den 90er Jahren Beschäftigung mit alternativen Finanzierungsmethoden. PR-Consultant eines Unternehmens für ethisch-ökologische Geldanlagen. Exportberatungsmandate für den Nahen Osten und Nordafrika.
Diverse Publikationen, u.a. zu islamischen Investmentmethoden und Consultant für ein Unternehmen im Bereich Umweltschutz (Berlin).
Seit der Übersiedlung nach Badenweiler im Schwarzwald freier Schriftsteller, Verleger (Edition Jonathan) Hörbuchautor und -produzent.
Vater zweier (wunderbarer) Töchter und zweier (ebenso wunderbarer) Enkeltöchter.
Musiker seit seinem dreizehnten Lebensjahr und hoffnungslos bibliophil (was mit Medikamenten nicht gelindert werden kann).